Ab heute bin ich Optimist!

Leo Bormans

Ab heute bin ich Optimist!

Eine Starthilfe

Aus dem Niederländischen von
Birgit Erdmann und Bärbel Jänicke

Patmos Verlag

MIX
Papier aus verantwortungsvollen Quellen
FSC® C006701

Für die Schwabenverlag AG ist Nachhaltigkeit ein wichtiger Maßstab ihres Handelns. Wir achten daher auf den Einsatz umweltschonender Ressourcen und Materialien.

Bibliografische Information der Deutschen Nationalbibliothek
Die Deutsche Nationalbibliothek verzeichnet diese Publikation in der Deutschen Nationalbibliografie; detaillierte bibliografische Daten sind im Internet über http://dnb.d-nb.de abrufbar.

Umschlaggestaltung: Finken & Bumiller, Stuttgart
Druck: CPI – Ebner & Spiegel, Ulm
Hergestellt in Deutschland
ISBN 978-3-8436-0554-0 (Print)
ISBN 978-3-8436-0555-7 (eBook)

INHALT

START

1. **OPEN** – OPTIMISTEN SIND OFFENE MENSCHEN

2. **POSITIVE POWER** – OPTIMISTEN SETZEN IHRE POSITIVEN KRÄFTE EIN

3. **TRANSFORM** – OPTIMISTEN VERÄNDERN SICH

4. **INTERACT** – OPTIMISTEN INTERAGIEREN MIT ANDEREN

5. **MEANING** – OPTIMISTEN GEBEN IHREM LEBEN EINEN SINN

6. **INSPIRE** – OPTMISTEN INSPIRIEREN ANDERE

7. **SMILE** – OPTIMISTEN LACHEN – TROTZ ALLEM ODER GERADE DESWEGEN

8. **TARGET** – OPTIMISTEN SETZEN SICH ZIELE

9. **! DAS AUSRUFEZEICHEN** – DIE DRINGLICHKEIT DES OPTIMISMUS

Mein Dank gilt meinen Eltern mit ihrem Optimismus, Riet, Ine, Kasper, meiner Familie, meinen Freunden, meinen Kollegen, den Erforschern der Positiven Psychologie und den vielen Menschen, die bereit waren, Freud und Leid mit mir zu teilen. Ihr Mut, ihre Hoffnung, ihre Träume und Begeisterung haben mich inspiriert.

Ein Pessimist konzentriert sich darauf, wer er ist.
Ein Optimist konzentriert sich darauf, wer er werden kann.

START

NEUN PRÜFSTEINE

Bisweilen mag es so erscheinen, als wäre einzig Optimismus gut und Pessimismus schlecht. Das ist ein Irrtum. Defensiver Pessimismus kann viele Menschen geradezu beflügeln. Denn die Annahme, dass etwas schlecht ausgehen könnte, spornt Pessimisten oft zu Höchstleistungen an. Eine positive Sicht der Dinge ist in diesem Fall wirkungslos. Vielen fällt es auch nicht leicht, dem gefühlten Zwang, immer fröhlich durchs Leben zu gehen, zu entsprechen. Und wer sich diesem Zwang nicht unterwerfen will, sollte dies auch nicht tun. Denn damit wäre niemandem gedient.

Allerdings sind fast alle depressiven Menschen auch Pessimisten. Überspitzt gesagt: **Optimismus verhält sich zum Glück, wie Rauchen zu Lungenkrebs.** Wer raucht, hat ein höhere Risiko an Lungenkrebs zu erkranken. Menschen mit einer optimistischen Einstellung haben, wie *Martin Seligman* eindeutig nachgewiesen hat, größere Chancen, glücklicher, gesünder und erfolgreicher zu sein. Seligman, der Begründer der Positiven Psychologie, ist einer der einflussreichsten Psychologen in Amerika und Verfasser des Bestsellers *Der Glücks-Faktor. Warum Optimisten länger leben.* Ich bin ihm und meinen Kollegen für ihre Erkenntnisse, Fortschritte und Methoden innerhalb der Positiven Psychologie zu großem Dank verpflichtet. Optimismus ist allerdings kein Allheilmittel, Optimismus ist ein Lebensstil. Wer sich diesen Lebensstil zu eigen macht, ist glücklicher, und oft gelingt es ihm sogar, dieses Glück an andere weiterzugeben. Probieren Sie es doch einfach einmal aus!

Dieses Buch umfasst neun Kapitel, die die acht wichtigsten Grundvoraussetzungen einer optimistischen Lebenseinstellung behandeln: **open, positive power, transform, interact, meaning, inspire, smile, target.** Die Anfangsbuchstaben dieser acht englischen Begriffe bilden das Wort OPTIMIST. Mit diesen Kapitelüberschriften kann man sich die elementare Botschaft des Buchs leicht merken. Das neunte Kapitel ist mit einem Satzzeichen überschrieben, dem Ausrufezeichen. Es soll die Dringlichkeit hervorheben: Werden Sie Optimist! Warten Sie nicht länger und packen Sie es an. *It's now or never. Don't worry, be happy.*

Sie halten mit diesem Buch neun Prüfsteine in den Händen. Prüfsteine wurden früher von Juwelieren und Goldschmieden dazu benutzt, die Reinheit von Edelmetallen, vornehmlich von Gold, zu prüfen. Prüfsteine waren also dazu da, die Güte einer Sache zu ermitteln. Abstrakt würde man von »Kriterien« oder »Maßstäben« sprechen. **Man versucht oft, das Unbestimmte zu bestimmen und das Unmessbare zu messen.** Um den »Goldgehalt« einer Persönlichkeit zu bestimmen, muss man sein Wesen ausloten. Dafür aber gibt es weder feststehende Kriterien noch Probiersteine. Man kann höchstens versuchen, das Unbeschreibliche zu umschreiben, in der Hoffnung, aus Prüfsteinen Trittsteine zu machen, die unser Leben in eine positive Richtung lenken.

Das vorliegende Buch ist der letzte Teil einer Trilogie, die mit dem Buch *Glück. The World Book of Happiness*, in dem ich das Wissen und die Weisheit von hundert Glücksforschern versammelt habe, ihren Anfang genommen hat. Danach habe ich mich weiter mit dem Thema beschäftigt und so entstand *Eine Schatzkiste voll Glück. The World Box of Happiness* (mit 52 Glückskarten und 104 Tipps für ein glückliches Leben). Und nun habe ich die unterschiedlichen Elemente zusammengefügt: theoretische Wissenschaft, praktische Ratschläge und eine Geschichte, die uns zum Handeln inspirieren soll: *Ab heute bin ich Optimist. Eine Starthilfe.*

Man kann niemanden zu seinem Glück zwingen. Jeder hat ein Recht auf Kummer und Verdruss. Dieses Buch enthält keine Liste von Anweisungen, was Sie tun oder lassen sollten, um glücklich zu sein. Es zeigt Ihnen vielmehr anhand alltäglicher und inspirierender Beispiele, praxistauglicher Empfehlungen und persönlicher Berichte, wie Sie einen optimistischen Lebensstil entwickeln können. Im Grunde wissen wir recht genau, was wir dafür tun müssten. **Aber oft handeln wir wider besseres Wissen.** Optimisten sind gesünder und leben länger. Sie sind glücklicher und erfolgreicher im Sport, im Studium, in der Politik und in Freundschaften. Worauf warten Sie also? Werden Sie Optimist!

Leo Bormans

P.S. Sie halten hier ein Übungsbuch in Händen, in dem Sie sich gern Notizen machen dürfen. Halten Sie aber neben einem Stift *unbedingt auch* Papier bereit. *Sie werden hin und wieder auf kurze Fragen stoßen, die ausführlichere persönliche Antworten erfordern. Wer die Fragen bloß liest, statt sich die Mühe zu machen, eine Antwort schriftlich zu formulieren, verschenkt das Potenzial der Übung.*

FÜR SIE

Sie wartet, bis sich der Saal nach meinem Vortrag über »Das Geheimnis des Glücks« und der anschließenden Signierstunde geleert hat. Sie bleibt, bis auch der letzte Besucher gegangen ist. Schließlich verabschiedet sie auch noch ihre Freundin. Sie möchte etwas Persönliches mit mir bereden. »Meine Freundin hat mich heute Abend regelrecht zwingen müssen, mitzukommen und mir Ihren Vortrag anzuhören«, sagt sie. »Ich wollte wirklich nichts mehr über Optimismus und Glück hören. Meine Freundin weiß nicht, wie schlecht es mir wirklich geht. Ich habe dieses Jahr bereits vier Selbstmordversuche unternommen. Ich weiß nicht mehr weiter.« Gerade hat sie mein Buch gekauft. Sie bittet mich, ihr eine Aufgabe hineinzuschreiben. »Beginnen Sie einfach mit Schritt 1«, sagt sie. »Ich war schon bei unzähligen Psychologen und habe genug Ratschläge bekommen. Das funktioniert bei mir nicht. Aber heute Abend habe ich das Gefühl, ich könnte Schritt 1 umsetzen. Was Sie sagen, erscheint mir mit einem Mal einleuchtend. Die Geschichte, die Sie erzählen, klingt so einfach. Ich kann es diesmal schaffen.« Sie sieht mich freundlich und entschlossen an. Ich tue ihr den Gefallen. Dann verlässt sie den Saal. Ich habe sie nie wiedergesehen, hoffe aber, dass sie dieses Buch irgendwann lesen wird. Ich widme es auch ihr. Und Ihnen. Und allen, die ihre Träume in die Tat umsetzen möchten.

DIE REISE UNSERES LEBENS

War Optimismus vor kurzem noch etwas für Sinnsprüche, die auf Postkarten in den Zimmern junger Mädchen hängen, ist Optimismus heute ein anerkanntes Forschungsobjekt der Psychologie, Soziologie, Ökonomie und Neurobiologie. Mittlerweile rümpft darüber niemand mehr die Nase. Fachzeitschriften veröffentlichen immer häufiger die neusten Forschungsansätze und Erkenntnisse. Seitdem vor nicht allzu langer Zeit die Bereiche in unserem Gehirn identifiziert worden sind, die bei einer depressiven oder aber bei einer optimistischen Gefühlslage aktiv werden, macht die Wissenschaft große Fortschritte.
Heute reisen wir häufiger als je zuvor in ferne Länder – was auch große Gefahren mit sich bringt. Gingen wir solche Abenteuer nicht mit einer gehörigen Portion Optimismus an, würden wir nie und nimmer ins Ungewisse aufbrechen. Doch unser Optimismus und unsere Abenteu-

erlust treiben uns an. Selbstverständlich schließen wir noch rasch eine Reiseversicherung ab und auch die Reiseapotheke steckt für alle Fälle immer griffbereit im Rucksack. Das nennt man gesunden Menschenverstand. **Die meisten Menschen sind viel optimistischer, als wir glauben.** Durch die zunehmenden Kommunikationsmöglichkeiten sind wir heute besser über Katastrophen, Unglücke, Kriege, Verbrechen und den Klimawandel informiert. Das mag auch ein Grund dafür sein, dass wir die Zukunft unserer Gesellschaft und unseres Planeten immer pessimistischer einschätzen. Aber dennoch sehen wir unserer eigenen Zukunft verhältnismäßig optimistisch entgegen (und das seit Jahren relativ gleichbleibend). Das Gehirn trickst uns nämlich gerne aus. Bei gesunden Menschen wählt es mehr positive als negative Nachrichten aus. So ist allgemein bekannt, dass die Scheidungsrate derzeit recht hoch ist, dennoch schätzen Liebende, die den Bund der Ehe eingehen, ihre Chancen recht gut ein, für immer zusammenzubleiben. Auch die hohen Prozentzahlen an Krebserkrankungen und Verkehrsunfällen sind bekannt. Trotzdem glaubt die Mehrheit der Bevölkerung, dass es sie selbst eher nicht treffen wird. Zehn Prozent der Amerikaner glauben sogar, dass sie über hundert Jahre alt werden. Dabei liegen die Chancen dafür gerade einmal bei 0,02 Prozent.

Menschen begeben sich seit jeher gern in Gefahr. Hätten unsere Urahnen ihre bekannte Umgebung nie verlassen und nie den Antrieb verspürt sich andernorts anzusiedeln, würden wir wohl noch heute in Grotten und Höhlen leben. Sie müssen Optimisten gewesen sein. Tatsache ist, dass unser Optimismus einsetzte, als wir erkannten, dass wir sterblich sind. Diese fatale Erkenntnis hätte bei unseren Urahnen ebenso gut dazu führen können, vollkommen zu resignieren. Denn was sollte angesichts unseres eigenen Todes oder des Todes unserer Angehörigen denn noch der Mühe wert sein? Wozu Kinder in die Welt setzen, warum das Feld beackern oder Wissen erwerben? Und doch hat sich die Menschheit nicht entmutigen lassen. **Getrieben von Hoffnung und Wissensdurst entwickelte sich die Menschheit immer weiter.** Diese Kraft wurde über die Jahrhunderte hinweg genetisch weitergegeben. Währenddessen formte sich allmählich die Vision einer besseren Zukunft. Das menschliche Gehirn ist nicht nur von Erinnerungen an die Vergangenheit angefüllt, wie viele Psychologen lange angenommen haben, sondern entwickelt sich auch weiter, wenn Menschen sich über die Zukunft Gedanken machen. Und hier unterscheidet sich der Mensch vom Tier: Der Mensch kann sich eine ziemlich genaue Vorstellung von seiner Zukunft machen. Das treibt ihn an und sorgt dafür, dass er solide Häuser baut, Brücken und Tunnel konstruiert, die unterschiedlichsten Bildungssysteme ausprobiert und über die Energieversorgung und den Städtebau für die kommenden Jahrzehnte nachdenkt. Optimisten planen für die Zukunft.

Heutzutage durchleuchten Scanner das menschliche Gehirn und zeigen an, wann und wo es aktiv wird, wenn man über die Zukunft nachdenkt. Anhand der Differenzierungen im Scannerbild lässt sich erkennen, ob jemand der Zukunft hoffnungsvoll oder ängstlich entgegensieht. **Die meisten Menschen stellen sich die Zukunft eigentlich etwas rosiger vor, als sie tatsächlich sein wird.** Je mehr die Zeit voranschreitet, desto mehr passen wir unsere Vorstellungen und Erwartungen an die Realität an. So erzählte mir eine junge Frau, die im Rollstuhl saß, sie habe, nachdem sie einige Zeit niedergeschlagen gewesen war, festgestellt, im Grunde alles zu haben und auch selbst alles tun zu können, um glücklich zu sein. Das einzige, was sie von anderen unterschied, war eben nur: »Ich sitze im Rollstuhl«. Aber damit konnte sie letzten Endes recht gut leben. Depressive Menschen hingegen neigen eher zur gegenteiligen Ansicht. Sie stellen sich die Zukunft negativ vor und erblicken in allem, was geschieht, eine Bestätigung ihrer pessimistischen Grundhaltung. Sie hatten es ja längst kommen sehen.

Unsere Zukunftsvorstellungen entstehen im selben Teil unseres Gehirns, in dem sich auch unsere Sprache und unsere Ziele bilden. Daher ist es nicht verwunderlich, dass wir beim Thema Optimismus auch unsere Zukunftsperspektive, unseren Sprachgebrauch und unsere Suche nach dem Sinn des Lebens thematisieren.

Ein Optimist ist ein Reisender. Hoffnung und Abenteuerlust treiben ihn an. Er ist offen, sucht nach der positiven Kraft in sich und ist bereit für Veränderungen. Er wächst durch den Austausch mit anderen, begibt sich auf die Suche nach dem Sinn des Lebens und inspiriert seine Mitmenschen. Ein Optimist hat immer ein Lächeln auf den Lippen und mit dem Fernglas in der Hand ein klares Ziel vor Augen. Die folgende Aufzählung beschreibt seine wesentlichen Eigenschaften: **o***pen*, **p***ositive power*, **t***ransform*, **i***nteract*, **m***eaning*, **i***nspire*, **s***mile*, **t***arget*. Gute Reise!

Ein Optimist ist ein Reisender.

AB HEUTE BIN ICH **O**PTIMIST!

1. **OPEN** – OPTIMISTEN SIND OFFENE MENSCHEN

Niemand steht gerne vor einem Schild mit der Aufschrift »Geschlossen«. Es erteilt uns eine Abfuhr am Schalter, am Eingang eines Vergnügungsparks, eines Museums oder Restaurants. Wir sind daran gewöhnt, sie einfach immer offen vorzufinden. Diesen Anspruch hat man auch Menschen gegenüber. Man erwartet einfach, dass sie einem zuhören und wie selbstverständlich auch zu helfen bereit sind. Doch viele Menschen sind auch »verschlossen«. Sie beachten andere kaum, hören selten zu und kümmern sich vor allem um sich selbst, um ihre eigenen Sorgen und Ansprüche. Und so treten sie auch ihren Mitmenschen gegenüber. Man schweigt sich im Aufzug an, steht im Bus oder in der Straßenbahn still nebeneinander. In Gesprächen kratzt man höchstens an der Oberfläche und allein schon die Körperhaltung, vor der Brust verschränkte Arme oder übereinandergeschlagene Beine, drückt vor allem eines aus: bis hierher und nicht weiter. **Die Tür ist zu und ich lasse niemanden herein.** Auf den im Handel meistverkauften Schildern steht nicht etwa »Willkommen«, sondern »Vorsicht bissiger Hund«. Die Abbildung eines gefährlich aussehenden Hundes unterstreicht diese Worte noch zusätzlich. Wir verbarrikadieren uns buchstäblich und in übertragenem Sinn hinter immer höheren Zäunen und Hightech-Alarmanlagen.

Offenheit steht auf einer Stufe mit Zuverlässigkeit, Integrität, Aufrichtigkeit, Redlichkeit, Gerechtigkeitsempfinden und Treue, man könnte auch sagen mit Ehrlichkeit. Aber es gibt niemanden, der sich als hundert Prozent ehrlich und zuverlässig bezeichnen könnte. Und wer es doch wagt, sich so zu nennen, erscheint nicht gerade vertrauenserweckend. Jede dieser Eigenschaften lässt uns aber zu anderen aufblicken und man kann stolz darauf sein, wenn man sie an sich selbst, bei Familienangehörigen oder Freunden entdeckt.

Optimisten sind offene Menschen. Sie sind neugierig und wissensdurstig, wollen andere kennenlernen und machen gerne neue Erfahrungen. Schritt 1: Wie werden Sie offener? Und wie vermeiden Sie es dabei über das Ziel hinauszuschießen. überambitioniert vorzugehen? Denn das bringt nicht nur Ärger, sondern lässt Sie auch offenen Auges in Ihr eigenes Unglück rennen. Wann hilft ein wenig Pessimismus? Selbstreflexion ist ein guter Anfang, aber wem gelingt es schon, hinter den Spiegel zu blicken?

WIE VIELE GLÜCKLICHE MENSCHEN KENNEN SIE?

Eine Frage vorab: Wie viele glückliche Menschen kennen Sie? Ich meine es ernst: Notieren Sie den Namen einer Person, von der Sie annehmen, sie sei glücklich. Fällt Ihnen jemand ein? Dann notieren Sie einen zweiten Namen. Und einen dritten. Ich stelle diese Frage gerne in einem ganz gefüllten Saal: Wer fünf glückliche Menschen kennt, möge bitte die Hand heben. Etwa hundert von fünfhundert Personen aus dem Publikum zeigen auf: gut zwanzig Prozent. Wie sieht es bei Ihnen aus? Nun eine zweite Frage, die ich, wie schon die erste, von dem Glücksexperten *Thomas d'Ansembourg* übernommen habe. Es sind einfache Fragen, deren Antworten in ihrer Deutlichkeit erschüttern. Wie viele Leute kennen Sie, die mindestens ein Haus und zwei Autos besitzen? Wer fünf solcher Leute kennt, möge die Hand heben. Meist streckt dann der ganze Saal die Hände in die Höhe: nahezu hundert Prozent. Sie kennen bestimmt auch fünf solche Leute. Damit wäre alles gesagt. **Wir sind sehr gut im »Haben« und schlecht im »Sein«.** Wahrscheinlich wäre es uns andersherum lieber.

Eine letzte Frage: Wie viele Personen kennen Sie persönlich, die eine zweite Sprache beherrschen oder Tennis spielen, Surfen, Skifahren können? Fünf? Ausgezeichnet! Fast jeder kennt mindestens fünf solcher Personen: beinahe hundert Prozent. Das sind gute Nachrichten. Es kommt ja niemand mit der Fähigkeit auf die Welt, Tennis spielen zu können, surfen und Ski laufen zu können oder von Anfang an eine zweite Sprache zu sprechen. Das muss man lernen. Das kostet Mühe, Zeit und Geduld. Wer viel übt, wird aber immer besser. **Darin liegt unsere Stärke: lernen zu können.**

Sollten wir nun diese Stärke nicht dafür einsetzen können, mehr zu »sein« als zu »haben«? Das ist möglich. Menschen (und auch das menschliche Gehirn) verändern sich permanent. Indem man lernt und trainiert, konzentriert man sich auf das, was man wirklich erreichen will. Untersucht man die Gehirne von Taxifahrern, die schon mindestens zehn Jahre durch London gekurvt sind, kann man erkennen, dass sich der Teil des Gehirns, der für räumliches Denken verantwortlich ist, tatsächlich vergrößert hat. Vergleichbare Unterschiede ließen sich auch bei Optimisten und Pessimisten feststellen. *What you focus on, is what you get.*

What you focus on, is what you get.

Nach einem Vortrag vor einem jungem Publikum kommt ein junger Mann auf mich zu und sagt: »Sie haben mir die Antwort auf eine Frage gegeben, die mir andauernd gestellt wird und die mich zunehmend nervt. Sie lautet: ‚Was möchtest du später werden?' Jetzt weiß ich es endlich. Ich werde Optimist. Sie haben ja gesagt, dass kann man das einfach werden kann.«

Vor jedem Vortrag frage ich das Publikum, das in den Saal strömt: Zu wie viel Prozent sind sie Optimist? Die jeweilige Antwort wird auf einen Sticker notiert, den sich der Befragte dann angeheftet. Viele Menschen sind von der Frage überrascht, haben aber trotzdem sofort eine Antwort parat. Wenn Menschen in Begleitung von anderen kommen, mischen sich diese auch meist (mit einer noch besseren Antwort) ein: »Stimmt doch gar nicht, du bist doch viel optimistischer.« Oder: »Du hast ganz recht, du bist oft ziemlich pessimistisch.« Andere wieder stimmen die Antworten sogar miteinander ab. Ganz wie im wirklichen Leben: Man sucht sich eben gerne Wesensverwandte. Viele ziehen die Gesellschaft von Optimisten der von Pessimisten vor. Wie oft habe ich bei Vorträgen zu hören bekommen: »Ich wünschte, mein Partner/Kollege/Angehöriger wäre mitgekommen. Er ist ein richtiger Pessimist, aber er schafft es nicht, sich von dieser Einstellung zu befreien. Entweder bemerkt er es gar nicht oder er glaubt nicht, seine Einstellung ändern zu können.« Die meisten Leute verlassen den Saal mit einem Lächeln auf den Lippen und sagen, ihr Optimismus sei mindestens um zehn Prozent gestiegen. Von da an beginnt der Virus zu wirken.

Ob man Pessimist oder Optimist ist, wird durch verschiedene Umstände und die Reisebegleiter des Lebens bestimmt, durch die Familie, die Nachbarn und die Kollegen. **Wir beeinflussen einander.** Wem es gelingt, sich mit Optimisten zu umgeben, wird ganz von selbst fröhlicher und strahlt dies auch aus. Es geht hier nicht um einen von Sonnenblumen und Sonnenuntergängen geprägten naiven und lebensfremden Optimismus. Nein, es geht um die Frage, ob das Glas noch halb voll ist oder schon halb leer. Es ist von dem Augenblick an halb voll, an dem ich beschließe, dass es so ist.

Im Amsterdamer Hauptbahnhof treffe ich mich mit einer Journalistin. Sie ist Psychologin und möchte mich zu meinem Buch *Glück. The World Book of Happiness* interviewen. Das Gespräch beginnt eher distanziert und kritisch. Ich weiß, was sie denkt: »Noch so ein Buch zum Thema Glück.« Nach einer halben Stunde sagt sie: »Ich muss Ihnen gestehen, dass ich zu diesem Termin mit einer recht zynischen Einstellung gekommen bin. Ich wollte mich auf keinen Fall von peppigen Floskeln mitreißen lassen. Aber die Art und Weise, wie Sie über Glück sprechen, und die Beispiele, die Sie anführen, berühren mich. Hoffentlich wird es mir gelingen, meinen Zynismus und den unserer Leser zu entkräften.« Daraufhin gewinnt unsere Unterhaltung sofort an Tiefe, sie dauert über drei Stunden. Als ich aufbreche, sagt die Journalistin: »Und jetzt bestelle ich mir erst einmal ein Glas Wein und bleibe noch ein Stündchen hier sitzen. Ich werde Optimistin.«

Sie schrieb einen guten und realistischen Artikel über das zarte Pflänzchen des Optimismus.

In der niederländischen Fernsehsendung »21 Arten, glücklich zu werden« gehörte ich gemeinsam mit zwei Niederländern zu den »Glücksexperten«, die verschiedene Glückstipps zu kommentieren hatten. Ich bekam für meinen ultimativen Ratschlag 25 Sekunden Sendezeit zur Verfügung gestellt. Bei der Onlineumfrage hat mein Ratschlag mit 46 Prozent der Stimmen haushoch gewonnen. Was hatte ich in diesen 25 Sekunden gesagt? »Es ist wissenschaftlich erwiesen, dass zwischen Rauchen und Lungenkrebs ein ebenso großer Zusammenhang besteht wie zwischen Optimismus und Glück. Wer raucht, bekommt Lungenkrebs. Wer eine optimistische Einstellung hat, ist glücklicher. Und glückliche Menschen sind gesünder, erfolgreicher im Studium und Sport, bei Geschäften, in der Politik und bei Freundschaften. Worauf warten Sie also? Werden Sie Optimist!«

Nach der Sendung kam ein Mann zu mir und sagte: »Vielen Dank, Sie haben mich überzeugt. Ich werde Optimist. Aber wie wird man das eigentlich?« Hoffentlich liest er jetzt dieses Buch.

SIND SIE EIN OPTIMIST?

Google liefert 2.500.000 Einträge zur Frage »How to become an optimist?«. Niemand wird sie je alle lesen können. Trotzdem musste ich feststellen, dass diese Zahl gerade einmal knapp vier Prozent der 66.000.000 Treffer zur Frage »How to become rich?« entspricht. Hier zeigt sich eigentlich schon, wo die Prioritäten der Leute liegen. Es mag ja sein, dass Sie noch nie daran gedacht haben, einen Ratgeber darüber zu lesen, wie man tatsächlich reich werden kann. Dass Sie nun aber ein Buch über den Optimismus in den Händen halten, ist ein Schritt in die richtige Richtung. Vielleicht sind Sie ja bereits ein Optimist und möchten sich selbst nur besser kennenlernen und Ihren Optimismus, wenn möglich, sogar noch ausbauen. Vielleicht haben Sie aber auch noch nie darüber nachgedacht, dass man Optimist werden kann, und möchten meine Ratschläge für Ihre Beziehung und im Beruf nutzen. Vielleicht sind Sie sogar ein praktizierender Pessimist, der die Gegenseite studieren möchte, oder ein Pessimist, der die Vorteile einer optimistischen Lebensweise kennenlernen möchte. Für die letzte Gruppe, die der Pessimisten, ist dies ein schwieriges Buch. Immer wieder werden sie es in Frage stellen und Skepsis empfinden. Aber dagegen ist gar nichts einzuwenden.

Bei der ersten Frage geht es um Selbstreflexion. Sind Sie Optimist oder Pessimist? Hierzu gibt es zahllose und komplizierte psychologische Fragebögen. Doch die sind gar nicht nötig. Schon mit einen einfachen Test können Sie leicht für sich selbst herausfinden, wie Sie auf positive oder negative Ereignisse reagieren.

Sie sind auf einer Party und fühlen sich recht wohl.
Was denken Sie? Bitte antworten Sie ehrlich.

1)
a. Prima, dass ich mich doch noch dazu aufgerafft habe hierher zu kommen.
b. Schön, dass man mich eingeladen hat.

2)
a. Die Party geht dem Ende zu. Morgen früh ruft wieder die Arbeit.
b. Vielleicht ist noch irgendwo anders etwas los?

3)
a. Wäre das Leben doch auch so schön wie diese Party.
b. An die Party werde ich noch lange zurückdenken.

Optimisten kreuzen a bei der ersten Frage und b bei den beiden anderen Fragen an. Pessimisten wählen natürlich genau die anderen Antworten, womit wir nun zum springenden Punkt der Sache kommen. Sie sind beide auf derselben Party und reflektieren dieselbe Wirklichkeit. Dennoch unterscheiden sich ihre Interpretationen voneinander. Und zwar auf dreierlei Art und Weise.

WER ODER WAS IST DIE URSACHE?

Wer die Ursachen für positive Erfahrungen bei sich selbst sucht, hat einen optimistischen Lebensstil. »Man hat mich zu der Party eingeladen, aber den Entschluss hinzugehen habe ich selbst gefasst. Und die Tatsache, dass man mich eingeladen hat, ist kein Zufall. Ich bin einfach nett.« Pessimisten suchen die Ursache für positive Erfahrungen nicht bei sich selbst. »Sie haben mich aus irgendeinem komischen Grund eingeladen, wahrscheinlich haben sie sich vertan oder sie bereuen es inzwischen längst.«

WIE LANGE DAUERT ES?

Die Party ist natürlich bald vorüber. Doch bei dem Optimisten klingt sie noch lange nach. Er wird sich noch Tage danach gut fühlen und darüber nachdenken, wie er in Zukunft zu weiteren positiven Erfahrungen kommen kann. »Wann steigt eigentlich die nächste Party?« Anders der Pessimist. Er umgibt sich sofort wieder mit Schutzwällen, stellt fest, dass alles Schöne schnell vergänglich ist und schmälert den Effekt, obwohl ihm die Erfahrung im Grunde gut getan hat. »Die Party ist zu Ende. Morgen früh ruft wieder die Arbeit.«

ÜBERTRAGUNG AUF ANDERE LEBENSBEREICHE

Optimisten übertragen ihre positive Einstellung auf andere Bereiche des Lebens. Sie geben Positivem viel mehr Raum und sind überzeugt davon, schöne Erfahrungen auch in andere Lebensbereiche einfließen lassen zu können. »An diese Party werde ich noch lange gern zurückdenken.« Pessimisten beschränken alles Positive auf den Moment. Sie schaffen es nicht, Positives in ihr Leben zu integrieren. Sie reden sich ein, dass das Leben nun einmal nicht immer ein Fest ist.

Eine weitere Situation mit unterschiedlichen möglichen Interpretationen. Sie sind rückwärts mit dem Auto gegen einen Pfosten gefahren. Was denken Sie?

1)
a. Hab ich's mir doch gedacht, ich kann einfach nicht Auto fahren!
b. Blöder Pfosten.

2)
a. Ist ja nur ein Pfahl. Wäre es ein Auto gewesen, hätte ich viel mehr Zeit verloren.
b. Mensch, jetzt komme ich auch noch zu spät zur Arbeit!

3)
a. Ach, ist ja nur eine Delle.
b. Das hat mir gerade noch gefehlt. Jetzt muss der Wagen auch noch in die Werkstatt.

Optimisten antworten auf die erste Frage mit b und auf die beiden anderen mit a (»Blöder Pfosten, aber es hätte schlimmer kommen können.«). Pessimisten sehen das genau umgekehrt (»Was bin ich bloß für ein Trottel. Immer schaffe ich mir neue Probleme.«) und reagieren konträr zu ihrem Verhalten bei positiven Ereignissen. Und zwar ebenfalls in dreierlei Hinsicht: in Bezug auf die Ursache, den Zeitfaktor und die Auswirkung auf andere Lebensbereiche. Während Pessimisten bei positiven Erfahrungen die Ursache nicht bei sich selbst suchen und die Wirkung innerhalb von Zeit und Raum möglichst gering zu halten versuchen, verhalten sie sich bei negativen Erfahrungen genau entgegengesetzt: Sie suchen die Schuld bei sich und weiten die Nachwirkungen aus. Auch hierbei gilt: Die Wirklichkeit ist für beide die gleiche (ein Pfosten wurde gerammt). Die verschiedenen Interpretationen der Situation offenbaren allerdings gravierende Einstellungsunterschiede. Beide würden sich höchstwahrscheinlich über die Interpretation des jeweils anderen ärgern.

Die Interpretation der Optimisten lässt sich unter dem Kürzel **OPT** (*other, partly, temporary*) zusammenfassen. Zum Beispiel wird ein optimistischer Arbeitnehmer, der von seinem Chef kritisiert worden ist, die Situation durch eine oder mehrere der folgenden Überlegungen doch noch positiv deuten:

- »Diese Kritik sagt über den Anderen genauso viel aus wie über mich. Vielleicht hat er die ganze Situation einfach falsch wahrgenommen.« (*other*)
- »Andere Aufgaben erledige ich wirklich gut und dafür werde ich auch geschätzt.« (*partly*)
- »Das ändert sich auch wieder. Bald wird mein Chef einsehen, wie wertvoll ich für den Betrieb bin.« (*temporary*)

Pessimisten reagieren in einer solchen Situation vollkommen anders. Ihr Verhalten lässt sich mit dem Kürzel **PES** (*personal, everything, strategic*) kennzeichnen:

- »Ich bin ein Versager.« (*personal*)
- »Jetzt habe ich jedes Vertrauen eingebüßt.« (*everything*)
- »Das war ein strategischer Fehler, der sich bestimmt nie wieder ausbügeln lässt.« (*strategic*)

Optimisten geben also nicht so schnell auf und sind bereit ihren Kurs auf halbem Wege zu korrigieren. Pessimisten interpretieren einen Misserfolg hingegen als persönliches Versagen und sehen darin einen Beweis, dass alles sinnlos ist.

Wir sehen Dinge und Menschen so, wie *wir* sind. Wir sehen Dinge und Menschen nicht so, wie *sie* sind. Daher sollten wir auch nicht ver suchen, die Dinge und Menschen um uns herum zu verändern. Wir selbst müssen uns verändern. Hören Sie damit auf, Ihren Partner, Kollegen oder Verwandte ändern zu wollen. Selbst wenn Sie sich Ihr ganzes Leben lang damit beschäftigen, es wird Ihnen nicht gelingen. **Der Einzige, an dem Sie etwas ändern können, sind Sie selbst.**

Wir sehen Dinge und Menschen nicht so, wie sie sind.

Wer sich einen optimistischen Lebensstil aneignen möchte, sollte damit bei sich selbst anfangen. Wenn sich etwas Positives in Ihrem Leben ereignet, überlegen Sie einmal, welchen Anteil Sie selbst daran hatten und benennen Sie ihn. Wenn Sie beispielsweise in einem Examen ein gutes Resultat erreichen, liegt das nicht allein am Zufall oder an den Fragen, sondern auch an Ihrer Intelligenz, Ihrem Engagement und Ihrer Beharrlichkeit. Es hat nichts mit Arroganz zu tun, wenn Sie sich das eingestehen. Natürlich sollte man sich vor Fallstricken in Acht nehmen: vor Selbstüberschätzung und blindem Selbstvertrauen. Natürlich kann und darf man nicht immer die Schuld für negative Begebenheiten von sich abwälzen oder sich alle Erfolge selbst zugutehalten. Es geht hier nur darum einzusehen, dass sich ein und dasselbe Ereignis unterschiedlich bewerten lässt. Und dass Sie selbst darüber entscheiden, welche Sicht der Dinge Sie wählen. Den Einflüssen positiver Erlebnisse mehr Zeit und Raum zu geben, kann man lernen. Um ein negatives Erlebnis kann man Schutzwälle errichten und versuchen, es als isolierte Tatsache zu begreifen, die wenig oder keinen Einfluss auf die Zukunft oder andere Lebensbereiche haben wird.

Es ist nichts Falsches daran, die eigenen Erfolge zu überhöhen und Fehlschläge herunterzuspielen. Das ist die Grundhaltung eines optimistischen Lebensstils. Wagen Sie dennoch einen ehrlichen Blick auf Ihre Schwächen und bemühen Sie sich darum, sie abzubauen. Konzentrieren Sie sich jedoch vor allem auf Ihre Stärken, Fähigkeiten und Möglichkeiten. Sie werden Ihr Leben sicherlich nicht von einem Tag auf den anderen ändern können, doch schon jetzt sind Sie dazu fähig, sich ein positives Denkmuster anzutrainieren. Stellen Sie sich auf Rückschläge ein und begreifen Sie diese als Chance, etwas dazuzulernen, sie sind notwendige Schritte auf dem Weg zum Erfolg.

Ob man optimistisch ist, ist zum Teil genetisch bedingt. Nach eingehenden Studien mit Zwillingen gehen einige Wissenschaftler sogar davon aus, dass fast die Hälfte einer positiven Grundhaltung angeboren ist. Zehn Prozent der eigenen Einstellung werden von den Lebensumständen (dem Beruf, der Wohnsituation, den finanziellen Verhältnissen …) bestimmt. Damit bleiben noch vierzig Prozent übrig, die Sie selbst beeinflussen können. Sie können also nicht alles ändern, aber doch recht viel. Sie haben die Wahl, aus welchem Blickwinkel Sie die Dinge betrachten und auf welche Weise Sie aktiv werden wollen. Beginnen Sie mit einem Blick in den Spiegel, mit wiederholten kleinen Tests und Selbstreflexionsübungen, um sich Ihre eigenen Reaktionen und Gedanken bewusst zu machen. Danach können Sie vorsichtig daran gehen, Ihre Denkmuster zu verändern.

OPTIMISMUS KANN MAN ERLERNEN

Bis vor Kurzem nahm man noch an, Optimismus sei einfach ein Charakterzug, an dem sich kaum etwas ändern ließe. Inzwischen ist diese Auffassung überholt. Sie stimmt einfach nicht, wie *James Maddux* von der *George-Mason-Universität* 2010 in dem Wissenschaftsmagazin *Psychological Science* dargelegt hat. Und sein Fazit? Optimismus lässt sich erlernen. Aber wie?

BEURTEILEN SIE IHRE FEHLSCHLÄGE EINMAL ANDERS

Was sich zunächst wie eine Katastrophe oder ein Schlag ins Wasser anfühlt, hält oft auch neue Möglichkeiten bereit. Stellen Sie das, was Ihnen widerfährt, in einen neuen Zusammenhang.

NEHMEN SIE IHR LEBEN SELBST IN DIE HAND

Finden Sie das richtige Gleichgewicht zwischen der Akzeptanz negativer Umstände und den Schritten, die Sie unternehmen, um daran etwas zu ändern. Gestehen Sie sich einfach ein, dass Sie nicht alles unter Kontrolle haben können, aber lassen Sie sich davon nicht entmutigen.

SCHENKEN SIE DEM, WAS IHNEN GUT TUT, AUFMERKSAMKEIT

Finden Sie heraus, was Ihnen ein positives Gefühl vermittelt. Die Wolken? Die Farbe Gelb? Ein Nachbarschaftsfest? Ihre Freunde? Die Freiheit? Halten Sie das Gefühl fest und erinnern Sie sich daran, wenn Sie sich mies fühlen.

ES GEHT NICHTS ÜBER EIN GUTES GESPRÄCH

Der ständige *Small Talk* über Gott und die Welt sorgt zwar für angenehme soziale Kontakte, macht aber nicht glücklich. Ehepaare, die kurz vor der Scheidung stehen, streiten sich häufig nur noch oder können nur noch darüber reden, was im Fernsehen läuft oder wer die Einkäufe erledigt. Natürlich kann man nicht überall und mit jedem ein philosophisches Gespräch führen. Gelingt es Ihnen aber, mit Freunden oder Verwandten hin und wieder etwas tiefer gehende Gespräche zu führen, nähren Sie sowohl Ihr Vertrauen in andere als auch Ihren Optimismus.

BETRACHTEN SIE DAS GLAS ALS HALB VOLL

Es ist ein bekanntes Bild, aber es funktioniert tatsächlich. Richten Sie Ihren Blick nicht auf die leere Hälfte des Glases, betrachten Sie Ihr Leben als die volle Hälfte: Nehmen Sie wahr, was Sie alles haben und worauf Sie stolz sein können. Darauf lässt sich aufbauen. Setzen Sie sich realistische Ziele, damit Sie Lust darauf bekommen, den Rest des Glases mit sinnvollen Aktivitäten zu füllen.

Oft sind wir nicht gewohnt, unseren wirklichen Sehnsüchten und Träumen genügend Raum zu geben. In Bezug auf uns selbst überwiegen oft negative Denkmuster. Meist wissen wir nämlich ziemlich genau, wo unsere Schwächen liegen, die Fähigkeit, unsere positiven Eigenschaften zu erkennen und einzusetzen, ist dagegen oft zu gering ausgebildet. Lassen Sie das Pendel künftig nicht zum Negativen, sondern zum Positiven hin ausschlagen.

Kleiner Trick gefällig? Nehmen Sie zwei Tassen und füllen Sie eine bis zum Rand mit Kleingeld. Nehmen Sie immer, wenn Sie einen negativen Gedanken haben, eine Münze aus der vollen Tasse und legen sie sie in die leere. Wieviel Münzen befinden sich am Ende des Tages in der zweiten Tasse? Behalten Sie dieses Ritual vier Wochen lang bei und bemühen Sie sich darum, möglichst wenig Münzen in die »negative Tasse« wandern zu lassen. Auf diese Weise richten Sie ihre Aufmerksamkeit auf Ihre eigene (positive oder negative) Einstellung; Fortschritte werden sich wie von selbst einstellen. Und nach und nach werden Sie zu einem Menschen, der es wagt, seine Wünsche zu äußern und zu erfüllen, und der den Mut hat, seine Träume zu verwirklichen.

Der amerikanische Psychologe *Dr. Russ* unterscheidet elf Techniken, die zu *skilled optimism*, zum erlernten Optimismus, führen. Wie viele davon beherrschen Sie?

1. Finden Sie die positive Seite einer jeden Situation heraus.
2. Betrachten Sie Misserfolge und Rückschläge als Chancen, etwas zu lernen.
3. Erkennen Sie, was Sie kontrollieren können und was nicht.
4. Nutzen Sie Ihre Kreativität, um Probleme zu lösen.

5. Machen Sie sich bewusst, dass Misserfolge unvermeidlich sind, wenn man Herausforderungen sucht und sich Ziele setzt.
6. Rechnen Sie grundsätzlich mit Schwierigkeiten.
7. Korrigieren Sie Ihre Zielsetzungen und Erwartungen, je nachdem ob sich Erfolge oder Rückschläge einstellen.
8. Suchen Sie immer nach neuen aussichtsreichen Herausforderungen.
9. Lassen Sie sich von anderen helfen und inspirieren.
10. Orientieren Sie sich am Prozess und den nächsten Schritten auf dem Weg zu Ihrem Ziel.
11. Seien Sie sich immer Ihrer positiven und negativen Gedanken bewusst.

Wählen Sie aus dieser Liste drei Punkte aus, mit denen Sie sich einen Monat lang beschäftigen möchten. Bitten Sie Ihre Familie oder Kollegen, es Ihnen gleichzutun. Unterstützen und helfen Sie einander. Die Mühe lohnt sich. Falls Sie eine Führungsposition bekleiden, sollten Sie durch ein positives Klima dafür sorgen, dass Ihre Mitarbeiter an diesen Punkten arbeiten können.

POSITIVE PSYCHOLOGIE

Beim Thema Optimismus und Glück geht es längst nicht mehr um reine Vermutungen, sondern um wissenschaftliche Fakten. Dr. Martin Seligman hat den Nachweis erbracht, dass alle Menschen nicht nur von ihren Krankheiten genesen und sich von ihren Schwächen befreien wollen, sondern auch danach streben, glücklich zu sein. Und Optimismus ist der beste Weg zum Glücklichsein. Die Positive Psychologie widmet sich drei Hauptfeldern: positiven Gefühlen, positiven Eigenschaften und positiven Einstellungen. Wissenschaftler erforschen, wie Menschen glücklicher und optimistischer werden können, indem diese ihre Stärken nutzen und in positive Kontexte einfließen lassen. Dabei haben sie drei Glückskomponenten entdeckt:

- **das angenehme Leben** (Genuss, Vergnügen, Spaß)
- **das engagierte Leben** (Engagement und Verbundenheit mit seinen Mitmenschen und den Dingen, die man tut)
- **das sinnvolle Leben** (bei dem man sein Talent für etwas einsetzt, das größer ist als die eigenen Belange).

Die erste Glückskomponente lässt sich leicht beeinflussen, doch die Wirkung ist nur von kurzer Dauer und oberflächlich. Die beiden anderen Komponenten bringen Sie dem wahren Glück näher.

ABER HAT DAS MIT MIR ZU TUN?

Sie müssen nicht darauf verzichten, glücklich zu werden.

Niemand kann Sie zwingen, ein Optimist zu werden. Aber Ihr Leben und das der Menschen in Ihrem Umfeld würden dadurch beträchtlich an Qualität gewinnen. Dies ist heute keine Glaubensfrage mehr, sondern detailliert wissenschaftlich belegt. Vor einigen Jahrzehnten sahen amerikanische Wissenschaftler noch keine Möglichkeit, ihre Glücksforschung zu finanzieren. Das Augenmerk der Wissenschaft lag ausschließlich darauf, was Menschen krank macht. Doch das Gegenteil von »krank« ist »nicht krank«. Und das ist bei Weiten nicht dasselbe wie »gesund«. Das Gegenteil von »schlecht« ist »nicht schlecht«, aber das ist immer noch etwas anderes als »gut«. Das Gegenteil von »unglücklich« ist »nicht unglücklich«, aber das bedeutet noch lange nicht dasselbe wie »glücklich«. Die Positive Psychologie hat uns die Augen für die Stärken des Menschen geöffnet und dafür, was ihn glücklich macht. Das sind keine weltfremden Philosophien oder Träumereien, sondern Weisheiten, Erkenntnisse und Einsichten, die sich auf wissenschaftliche Studien innerhalb der Psychologie, der Soziologie und der Ökonomie stützen. **Es handelt sich hier nicht um Glaubensfragen, sondern um Wissen.**

Was wissen wir? Dass wohl vieles, was schon unsere Großmütter gesagt haben, der Wahrheit entspricht. Dass es aber auch beträchtliche Unterschiede gibt zwischen den alten Volksweisheiten und dem, was sich wissenschaftlich beweisen lässt. Beispielsweise konnte nirgends ein positiver Effekt von Leid nachgewiesen werden. Früher hielt man sich an den Glauben, dass man Verzicht üben müsse, um sich den Himmel zu verdienen. Dass man auf Knien nach Santiago de Compostella kriechen müsse, um das Glück zu finden. *No pain, no gain.* Aber das hat sich als falsch erwiesen. Es besteht kein Zusammenhang zwischen Leid und Glück. **Aber Glück ist auch kein Schmetterling, der sich irgendwann zufällig auf unserer Schulter niederlässt.** Obwohl das früher oft behauptet wurde. Man riet uns sogar: »Strebe bloß nicht nach dem Glück, sonst forderst du nur das Unglück heraus.« Aber das stimmt nicht. Glück fällt nicht vom Himmel. Man darf und sollte bewusst danach streben. Nach dem eigenen Glück und dem der Anderen. Denn dadurch geht es uns allen besser.

Auf die Frage nach dem Glück antworten viele Menschen: »Hauptsache, man ist gesund«. Auch diese Aussage ist nicht ganz richtig. Denn es besteht zwar ein Zusammenhang zwischen Gesundheit und Glück, aber dieser ist anders als man bisher angenommen hat. Es stimmt nicht, dass gesunde Menschen glücklicher sind als Kranke, vielmehr gilt: Glückliche und optimistische Menschen sind einfach gesünder. Auch dieser Zusammenhang zwischen Glück und Gesundheit wird mittlerweile wissenschaftlich erforscht. Bei Probanden, die man als 25-Jährige auf ihre optimistische oder pessimistische Einstellung hin getestet hatte, waren zwanzig oder vierzig Jahre später erhebliche gesundheitliche Unterschiede zu erkennen. Aus Studien mit Nonnen ging hervor, dass diejenigen, die aus einem optimistischen Grund ins Kloster gegangen waren, beträchtlich länger lebten, als jene, die ihrem Orden aus einem negativem Grund heraus beigetreten waren. Nonnen sind auf diesem Gebiet eine interessante Testgruppe, weil ihr Leben in aller Regel sehr ähnlich verläuft (ohne Partner, ohne Kinder, bei konstanter Ernährung und Lebensweise und einem geregeltem Tagesablauf). Es zeigt sich immer wieder, dass sich Optimisten schneller von Krankheiten erholen und länger leben.

Man hat Experimente mit Schwimmern durchgeführt, in denen man ihnen schlechtere Schwimmzeiten rückmeldete, als sie in Wirklichkeit hatten. Die Pessimisten unter ihnen schwammen daraufhin tatsächlich schlechtere Zeiten, während dieser Hinweis bei den Optimisten keinen Unterschied bewirkte. Sportteams, in denen Optimismus herrscht, erreichen durch positive Synergien grundsätzlich bessere Resultate als pessimistisch eingestellte Teams. Wer erfolgreich sein will, profitiert von einer optimistischen Lebenseinstellung. Das gilt für alle Lebensbereiche, für den Sport, die Wirtschaft, die Politik und das Studium. Optimisten beweisen überall ein größeres Durchhaltevermögen.

Optimisten leiden viel seltener an Depressionen. Außerdem hilft es den von Depressionen Betroffenen durchaus wieder auf die Beine, wenn sie sich einen positiven Blick aufs Leben (z.B. die Neubewertung von Denkmustern) antrainieren. Das wirkt besser als Medikamente. Optimismus führt zu einer Verbesserung der mentalen und emotionalen Gesundheit. Und das sorgt für weniger Stress. Optimisten glauben fest an ihre Chancen und erwarten, dass die Zukunft etwas Positives bringen wird. Negative Erfahrungen interpretieren sie als zeitlich begrenzte Ereignisse, die jedem widerfahren können. Diese Lebenseinstellung sorgt auch dafür, dass sie ein schöneres, abenteuerliches, spannenderes und entspannteres Leben führen. Also, worauf warten Sie noch?

ÜBERTRIEBENER OPTIMISMUS

Ein Optimist ist hoffnungsfroh und schaut voller Zuversicht in die Zukunft und auf all das, was er sich vorgenommen hat. Das kann man natürlich auch übertreiben. Menschen neigen oft dazu, ihre Fähigkeiten und Talente zu überschätzen. Achtzig Prozent aller belgischen Autofahrer behaupten zum Beispiel von sich, »ein mehr als durchschnittlich guter Autofahrer zu sein«. Und fragt man am Anfang eines Semesters die Studenten im vollbesetzten Hörsaal, ob sie die Prüfungen bestehen werden, bejahen das auch etwa achtzig Prozent. Tatsächlich wird kaum die Hälfte von ihnen die Prüfungen bestehen, zirka dreißig Prozent werden also enttäuscht werden. Niemand möchte sich jedoch unter dem Durchschnitt einstufen. Fast jeder hält sich für überdurchschnittlich intelligent, hilfsbereit oder humorvoll. Das kann natürlich nicht stimmen. Denn die Hälfte der Befragten liegt logischerweise unter dem Durchschnitt, sonst würde der Begriff gar keinen Sinn machen. Ebenso ist fast jedes frisch getraute Paar davon überzeugt, dass die hohe Scheidungsrate für es nicht relevant sein wird. Niemand geht davon aus, selbst Opfer eines Unfalls zu werden oder an Krebs zu erkranken. Auch wenn allseits bekannt ist, dass jeder Dritte Krebs bekommt. Wer die Augen vor der Realität verschließt, läuft zweifelsohne gegen die Wand. Darum geht es beim Optimismus aber auch gar nicht. Es geht vielmehr darum, dass man immer und unter allen Umständen die Wahl hat, die Realität so zu interpretieren, wie man es möchte. Wer sie auf optimistische Weise interpretiert, hat einfach mehr Aussicht auf Erfolg und Glück. Was auch immer passieren mag.

SINNVOLLER PESSIMISMUS

»Es geht mir auf die Nerven, dass ich immerzu optimistisch sein soll. Mir hilft es nämlich gerade, etwas pessimistischer in die Zukunft zu blicken.« Ungefähr dreißig Prozent der Bevölkerung würden diese Aussage gewiss bejahen, so *Julie K. Norem* in ihrer aufsehenerregenden Studie *Die positive Kraft negativen Denkens.*

Defensive Pessimisten fragen sich häufig: »Und was ist, wenn ich …?« Und was ist, wenn ich keinen Parkplatz finde? Und was ist, wenn die Geschäfte schon zu haben? Was ist, wenn ich beraubt werde? Für manche Menschen erweist sich die Strategie, immer auf das Schlimmste gefasst zu sein, als hilfreich. Sie stellt für sie die effektivste Art dar, mit ihren Ängsten umzugehen. Zwingt man sie dazu, positiv zu denken, schwächt man sie eher. Sie unterscheiden sich allerdings von anderen, radikaleren, Pessimisten, die in Allem nur das Negative, den Niedergang und die Gefahr sehen. Denn in Gegensatz zu ihnen dienen den defensiven Pessimisten ihre geringe Erwartungshaltung und die Vorstellung, was alles schiefgehen könnte, nur als Vorbereitung. Nachdem sie eine Liste von Problemen aufgestellt haben, überlegen sie, wie sie diese vermeiden oder in Angriff nehmen können. Das gibt ihnen das Gefühl, ihr Leben unter Kontrolle zu haben. Norem meint dazu: »Man muss die simple Vorstellung hinter sich lassen, dass Optimismus mit allem, was gut ist, und Pessimismus, mit allem was schlecht ist, gleichzusetzen ist.« **Defensiver Pessimismus hilft manchen Menschen dabei, ihre Ziele zu verwirklichen**, ebenso wie anderen positives Denken hilft. Letztlich geht es doch darum, dass jeder seine eigene Art finden muss, mit seinen Ängsten so umzugehen, dass sie das eigene Handeln und die eigenen Erfolgsaussichten nicht behindern. Angst sorgt für einen gefährlichen Tunnelblick. Defensiven Pessimisten gelingt es, ihre negative Erwartungshaltung in effektive Planungen und aktives Handeln umzusetzen. Gewöhnlichen Pessimisten gelingt das eher selten, denn sie versuchen, jeder Form von Planung und Handlung auszuweichen, indem sie Menschen und Situationen meiden, die sie in Angst versetzen könnten. Dabei stellen sie sich manchmal selbst so viele Hindernisse in den Weg, dass jegliches Vorhaben einfach schiefgehen muss. Und so wird ihr Anfangsverdacht wieder einmal bestätigt. Defensiven Pessimisten geht es nicht so sehr darum, negative Gefühle zu vermeiden, sie lassen sie vielmehr gerade zu, um ihre Ziele zu realisieren. Unterschiedliche Menschen haben eben unterschiedliche Strategien. Die Einstellung des defensiven Pessimisten steht keineswegs im Widerspruch zu den Auffassungen der Positiven Psychologie. Denn es ist etwas anderes, ob man sich in bestimmten Situationen eine negative Perspektive zu Nutze macht oder ob man das positive Denken insgesamt in Frage stellt. »Auch wenn es defensive Pessimisten manchmal schwerer haben als strategische Optimisten, sollte man nicht versuchen, sie zu ändern oder gar zu therapieren. Ihre Einstellung ist keine Krankheit, sondern einfach eine andere Art, mit den eigenen Ängsten umzugehen«, sagt Norem.

Im *The Journal of Research in Personality* berichtet Norem 2008 über ein Experiment, das sie mit defensiven Pessimisten durchgeführt hat. Sie arbeitete mit zwei Gruppen. Der einen Gruppe spielte sie heitere Musik vor, der anderen traurige. Die erste Gruppe wurde von der Musik tatsächlich fröhlicher. Aber als sie anschließend mathematische Aufgaben lösen sollte, hatte sie damit mehr Schwierigkeiten als die Gruppe die sich zuvor die traurige Musik angehört hatte. Norem folgert daraus, dass man besser nicht versuchen sollte, defensive Pessimisten davon zu überzeugen, in allen Situationen fröhlich zu sein und nur Positives zu erwarten. Es geht ihnen dadurch nicht besser und sie leisten auch nicht mehr. Im Gegenteil.

Manche Formen von Pessimismus haben also ihre Vorteile. Erwartet man das Schlimmste, kann man seine Strategien danach ausrichten. Das ist etwas ganz Anderes als grundsätzlich von einem Misserfolg auszugehen. Pessimisten machen sich Sorgen und daran ist nichts verkehrt. Es gibt allerdings Unterschiede zwischen Pessimisten, die sich darum sorgen, was alles schiefgehen könnte und die dagegen anzugehen versuchen, und Pessimisten, die vor Angst wie gelähmt sind und sich aus dieser Starre nicht lösen können, weil sie davon ausgehen, dass sowieso immer alles ein schlechtes Ende nehmen wird. Und so werden diese hoffnungslosen Pessimisten immer in Stillstand und Gleichgültigkeit verharren und über kurz oder lang auf eine Depression zusteuern. Defensiver Pessimismus wirkt hingegen wie ein Schutzwall. Man versucht trotz aller Sorgen und Ängste Lösungen und Wege zu finden und weiterhin zukunftsorientiert zu handeln. Funktionale Optimisten und defensive Pessimisten erkennen einfach, was für sie in bestimmten Situationen am besten funktioniert.

Pessimisten machen sich Sorgen und daran ist nichts verkehrt.

Wir können uns also von der Vorstellung lösen, jeden Tag pfeifend durch das Leben gehen zu müssen. **Bücher mit dem Titel *Ab heute bin ich Optimist!* sollten uns nicht unter Druck setzen**. Sie thematisieren nur eine Grundhaltung, die vielen – aber natürlich nicht jedem und nicht in jeder Situation – hilfreich ist. Schlimmer noch, als mit einem Pessimisten zusammen zu leben, ist womöglich der Druck, alles immer positiv sehen zu müssen. Wer ein Unternehmen gründet oder ein großes Projekt auf die Beine stellen will, muss anfangs wahnsinnig optimistisch sein. Wer nicht an seinen Erfolg glaubt, wird wahrscheinlich scheitern. Doch auch beim Träumen hilft es gewiss, den pessimistischen inneren Stimmen Gehör zu schenken, um einen realistischen Plan entwickeln zu können.

IN UNSEREM GEHIRN

Wissenschaftlern wie Tali Sharot (University College of London) ist es vor kurzem gelungen, die Bereiche im menschlichen Gehirn zu lokalisieren, die bei Optimisten aktiviert werden, wenn sie sich positive Ereignisse in der Zukunft vorstellen. Es handelt sich um Bereiche, die bei Pessimisten nicht aktiv werden. Optimismus scheint mit denselben neuronalen Mechanismen in Zusammenhang zu stehen wie Depressionen. Normale gesunde Menschen betrachten die Realität meist recht positiv. Sie schätzen die Möglichkeit, dass sie positive Erfahrungen machen werden, zu hoch ein, und die Möglichkeit, dass es ebenso wahrscheinlich schlecht ausgehen könnte, zu gering ein. Depressive Menschen sehen das natürlich genau umgekehrt: Sie überschätzen das Negative und unterschätzen das Positive. Wissenschaftler haben festgestellt, dass depressive Menschen immer pessimistisch eingestellt sind. Es fällt ihnen schon schwer, sich überhaupt Ereignisse in der Zukunft vorzustellen, während Optimisten diese gerne bis ins kleinste Detail ausmalen. Oft rufen sich Menschen auch Erlebnisse aus der Vergangenheit ins Gedächtnis, um sich eine Vorstellung von der Zukunft zu machen. Den meisten gelingt es, positiv in die Zukunft zu blicken. Doch lassen sich dabei zwischen den Hirnaktivitäten von Optimisten und Pessimisten deutliche Unterschiede erkennen. Man weiß allerdings noch nicht, ob die erkannten Unterschiede Depressionen auslösen oder ob Depressionen diese Unterschiede gerade hervorrufen. Man nimmt an, dass Optimismus und Pessimismus zu einem großen Teil genetisch bedingt sind. Den Rest prägen Umfeld, Lebenserfahrung und persönliche Entscheidungen.

DER TRAUMURLAUB

Ich warte am Flughafen auf meinen Koffer. Das Gepäcklaufband rattert träge voran. Ich beschließe, meine Aufmerksamkeit auf die Blicke der anderen Reisenden zu richten, die nach ihrem Urlaub auf das Karussell mit den Koffern starren. Trostlosen Missmut bekomme ich zu sehen. Trübseligkeit. The Boulevard of Broken Dreams. Kommen diese Leute tatsächlich gerade aus dem Urlaub? Wer endlich seinen Koffer erwischt, schleppt ihn angestrengt an der letzten Zollkontrolle vorbei. Und dann passiert etwas total Merkwürdiges. Es sind nur noch wenige Schritte bis zur Glastür, hinter der das Empfangskomitee der Daheimgebliebenen wartet. Plötzlich erscheint ein Lächeln auf dem Gesicht eines zuvor niedergeschlagenen Reisenden. Er richtet sich gerade auf, setzt sich eine mitgebrachte exotische Kopfbedeckung auf und geht beschwingt weiter. Was für einen prachtvollen Urlaub hat er hinter sich!

Ist der so gepriesene Traumurlaub an weißen Stränden womöglich eine einzige große Lüge? Das frage ich Elena Pruvli aus Tallin in Estland, die jahrelang Studien mit Urlaubern durchgeführt hat. »Das wichtigste Fazit meiner Forschungsarbeiten besteht darin, dass es kaum einen Zusammenhang zwischen dem Gefühl glücklich zu sein und dem so genannten Traumurlaub gibt«, erklärt sie mir. »Oft sind solche Reisen sogar sehr stressig. Ein luxuriöses Ambiente, Palmen und braun gebrannte Körper machen uns meist nicht sehr viel glücklicher.« Reiseveranstalter prophezeien uns schon lange im Voraus, mit welchen Schnappschüssen und Urlaubsgeschichten wir wieder nach Hause kommen werden. Alles muss stimmen. »Ein Traumurlaub ist ein weitverbreitetes Klischee, ein gesellschaftlich geprägtes Stereotyp, das uns eintrichtert, wie ein perfekter Urlaub auszusehen hat«, sagt Elena Pruvli. Das mag die Erklärung dafür sein, warum eine Menge von Menschen viel Geld für eine Klischeereise in den Süden ausgeben, dort aber nicht notwendigerweise glücklich sind oder glücklicher werden.

Man lügt sich und anderen etwas vor.

Im Laufe ihrer Studien entdeckte Pruvli noch einen anderen, stärkeren Mechanismus. Was für den Traumurlaub gilt, trifft auch auf das alltägliche Leben zu: Man lügt nämlich sich und anderen etwas vor. Denn man möchte sich so gerne an das anpassen, was gesellschaftlich positiv bewertet wird oder was Menschen, die im Rampenlicht stehen, vorleben. »In jeder Kultur gibt es Positionen vor und hinter den Kulissen«, sagt Pruvli. »Es gibt vielleicht keine an sich glücklichen oder unglücklichen Kulturen, aber in einigen Kulturen ist die Bedeutung der anmaßenden, lauten, prahlerischen Bühne so groß, dass die Vertreter dieser Kulturen die Lernfähigkeit dafür verlieren, was sie persönlich vom Leben wollen: wie sie wahrhaftig sie selbst sein können.«

Also spielt man immer ein wenig Theater. Aber wenn man auf den Koffer am Gepäckband wartet, offenbaren sich die wahren Gefühle. Wenn dann drei Minuten später der Vorhang aufgeht, beginnt die Vorstellung, auf die sich das Publikum freut, und schon legt man sich eine Fassade aus Verkleidung und Lächeln zu. »In ähnlicher Weise versuchen viele Menschen ein ‚traumhaftes Leben' zu führen«, fährt Pruvli fort. »Sie tun Dinge, um einem echten oder imaginären Publikum den Eindruck zu vermitteln, dass sie ein glückliches Leben führen. Es klafft eine *riesige Lücke, zwischen dem tatsächlichen Verlauf des eigenen Lebens und dem gesellschaftlich vorgeschriebenen Stereotyp.«*

Die gläsernen Schiebetüren am Flughafen werden so zu einer Metapher für die Außentüren unseres Lebens. Was sich tatsächlich in den Häusern, in den Köpfen und Herzen, abspielt, versteckt man, oft sogar vor sich selbst. Was man anderen zeigt, ist das, was sie von einem erwarten. Ist der Unterschied zu groß, ist man dem Wahnsinn nicht mehr fern. »Die ganze Welt ist eine Bühne … Ein Leben lang spielt einer manche Rollen«, heißt es bei Shakespeare. Mein Opa hatte zwar nicht Shakespeare gelesen, als er erklärte, warum er nie auf Reisen ging: »Urlaub spielt sich im Kopf ab, Junge!« Und ich habe ihn nie am Flughafen durch Schiebetüren gehen sehen. Aber ich glaube, er war ein glücklicher Mensch.

2. POSITIVE POWER – OPTIMISTEN SETZEN IHRE POSITIVEN KRÄFTE EIN

Googelt man heute nach dem Suchbegriff »positive power«, findet man sehr unterschiedliche Einträge. Produkte und Unternehmen, die sich mit diesem Begriff identifizieren, oder regenerative Energieformen, die natürliche Kräfte (Sonne, Wind, Wasser) für eine nachhaltige Energiegewinnung nutzen. Früher stand der Begriff eher für den kurzfristigen Energiekick, den man sich durch einen Schokoriegel oder sonstige Süßigkeiten verschaffen konnte. Wenn man jedoch die positive Energie wahrnimmt und benennt, die im Menschen selbst liegt, kann man sie als natürliche Energie nutzen, um auch langfristig ein erfolgreiches und glückliches Leben zu führen.

Lesen Sie kurz mit mir einen Ausschnitt aus Inges E-Mail: »Ich wünschte mir, ich hätte ihren Vortrag schon früher gehört. Heute bin ich recht glücklich, doch das war nicht immer so. Vor zehn Jahren wurde ich in die Psychiatrie eingewiesen. Ich war völlig verängstigt und verzweifelt, und diese Gefühle wurden von den Menschen, die mir eigentlich helfen sollten, noch verstärkt. **Mein Psychiater gab mir Medikamente, und mein Zustand verschlechterte sich**. Zu guter Letzt geriet ich an einen anderen Psychiater, der mir trotz aller Probleme die Chance, die Unterstützung und das Vertrauen gab, wieder positiv in die Zukunft in blicken. Heute nehme ich keine Medikamente mehr, ich habe meinen Abschluss gemacht und stehe mit beiden Beinen fest im Leben. Vieles, was Sie in Ihrem Vortrag angesprochen haben, beherzige ich bereits. Es wäre sehr zu wünschen, dass sowohl die Patienten als auch die Therapeuten im Bereich der psychischen Gesundheitsvorsorge von Ihren Prinzipien Kenntnis bekämen. Denn aus eigener Erfahrung weiß ich, dass sie tatsächlich sehr viel bewirken können. Danke für die Bestärkung, die zusätzlichen Tipps und die Zuversicht.«

Es ist nicht leicht herauszufinden, was man gut kann. Wenn es uns gelingt, kritisch unsere wahren Kompetenzen zu erkennen, stoßen wir auf einen starken Quell positiver Energie. Es geht dann nicht länger nur darum, uns an dem Negativen, an unseren Mängeln und Fehlern abzuarbeiten, sondern darum, den positiven Talenten – den eigenen ebenso wie denen anderer – grenzenlose Chancen zu geben.

NATÜRLICHE ENERGIE

Im Familienkreis und in der Schule wurden wir oft auf unsere Fehler und unsere Grenzen hingewiesen. In unseren Zeugnissen wurden Fertigkeiten wie Lesen, Schreiben, Rechnen und Sport benotet. Aber was sind unsere wahren Trümpfe? Welche Fähigkeiten können wir einsetzen, wenn es wirklich drauf ankommt? Wir konzentrieren uns so sehr darauf, unsere Fehler und Mängel zu beseitigen, dass wir dabei ganz vergessen, unsere Talente zu entdecken und benennen.

Eine Mutter erzählt mir, dass ihr 5-jähriger Sohn Björn mit seiner Klasse eine Hüpfburg besucht hat. Als er nach Hause kam, hielt er die Röhren und Ventilatoren, mit deren Hilfe die Burg aufgeblasen worden war, in großen Zeichnungen fest. Zwei Wochen später meinte die Lehrerin auf dem Elternabend, Björn verhalte sich manchmal sozial auffällig. Als Beispiel führte sie Björns Verhalten beim Ausflug zur Hüpfburg an: Statt mit allen anderen Kindern darin herumzutollen, habe er die ganze Zeit hinter der Hüpfburg gesessen. Dem Umstand, dass sich Björn in dieser Zeit das technische System angesehen hatte, konnte sie nichts Positives abgewinnen. Dabei wäre es gut möglich, dass Björn später mal ein guter Ingenieur wird. Wenn ein Kind ein solches Interesse an technischen Dingen zeigt, sollte man seinen Wissensdrang erkennen und fördern.

Die weltweit durchgeführte Gallup-Studie belegt, dass **nur 20 Prozent der Mitarbeiter großer Organisationen das Gefühl haben, täglich ihre Stärken einzusetzen,** und dass 65 Prozent aller amerikanischen Arbeitnehmer für ihre Arbeitsleistung im vergangenen Jahr keinerlei Anerkennung gefunden haben. Und das, obwohl man weiß, dass Menschen, die ihre eigenen Stärken kennen und sie nutzen dürfen, glücklicher sind, mehr leisten, weniger zu Depressionen neigen und sich rascher von Krankheiten erholen. In ähnlicher Weise wie Sonnen-, Wind- und Wasserkraft können wir natürlich auch die positiven menschlichen Kräfte ungenutzt lassen. Setzen wir sie jedoch effizient ein, kann eine enorme Energie freigesetzt werden.

Barbara Fredrickson hat das in ihrer *Broaden-and-Build-Theorie* ausführlich dargelegt. Negative Emotionen setzen unserem Denken und Verhalten Grenzen. Positive Emotionen helfen uns hingegen, unsere sozialen, körperlichen und kognitiven Ressourcen zu erweitern (*broaden and build*). Wenn man sich wohlfühlt, wird man neugieriger, sozialer, kreativer und gesünder. Unser Immunsystem funktioniert besser, unser Blut fließt schneller, Probleme lassen sich leichter lösen und schwerere Aufgaben besser bewältigen.

Positive Emotionen machen uns neugieriger, gesünder, sozialer und kreativer.

Wo liegen Ihre wirklichen Talente? Entdecken Sie sie selbst. Erforschen Sie zum Beispiel, welche Talente Sie in schwierigen Situationen meistens spontan einsetzen. Sind es Führungsqualitäten, Vorsicht oder Mut? Denken Sie daran, was Sie als Kind schon gerne getan und womit Sie sich damals beschäftigt haben. Picasso besuchte schon als 13-Jähriger die Kunstakademie und der Architekt Frank Gehry bastelte schon als 5-Jähriger Modelle aus dem Material, das er in der Werkstatt seines Vaters fand. Wobei fühlen Sie sich am wohlsten? Manche Menschen reden gerne vor Publikum, während andere in solchen Situationen am liebsten im Boden versinken würden. Finden Sie heraus, welche Fertigkeiten Sie sich schnell aneignen können: Fällt es ihnen leicht, ein Musikinstrument zu spielen, ein Problem zu lösen oder ein Auto zu reparieren? Beschreiben Sie eine Eigenschaft, auf die Sie stolz sind. Sie liegt sicherlich im Bereich Ihrer besonderen Talente.

In Büchern und auf Websites findet man eine Vielzahl von Tests, um die eigenen Talente zu entdecken. Hier folgt eine offene Liste von Eigenschaften, an die Sie bisher vielleicht noch nicht gedacht haben. Unterstreichen Sie fünf Eigenschaften, über die Sie selbst verfügen und die Sie nutzen. Unterstreichen Sie danach die Eigenschaften, die sie noch entwickeln wollen, mit einem doppelten Strich. Denken Sie anschließend darüber nach, wie Ihnen das gelingen könnte.

vorsichtig	organisiert	bescheiden
diszipliniert	selbstsicher	beherrscht
kreativ	mutig	hoffnungsvoll
neugierig	beharrlich	spirituell
flexibel	intelligent	technisch begabt
kommunikativ	empathisch	kunstsinnig
unparteiisch	integer	ehrgeizig
verbindlich	vital	…
überzeugend	freundlich	
offen	sozial	
lernbegierig	humorvoll	
innovativ	ehrlich	
…	…	

DER NEUE ZEITGEIST

Wenn sich die Psychologen von Coca-Cola mit etwas befassen, wird es immer interessant. Sie erforschen ständig, was die Menschen bewegt und wie sich die Marke auf die neusten Trends einstellen kann. Jahrzehntelang hat sich ihr Slogan *Enjoy Coca-Cola* am »Genießen« orientiert – ganz dem Zeitgeist des 20. Jahrhunderts entsprechend. Doch der hat sich nun verändert. Heute orientiert sich die weltweite Strategie von

Coca-Cola an den Themen, die von Psychologen als Leitgedanken des 21. Jahrhunderts ausgemacht worden sind, an *hope and happiness.* Dabei sind sie so geschickt, beide Begriffe in einem Slogan zusammenzufassen: **Aus Hope and Happiness wird Open Happiness.** Wenn wir Coca Cola trinken, öffnen wir also kein Fläschchen mit braunem Zuckerwasser, wir *öffnen Glück.*

Coca-Cola ist es in der Vergangenheit auch schon gelungen, den Weihnachtsmann für seine Zwecke zu vereinnahmen. Früher hatte er eigentlich eher wie ein kräftiger grüner Wikinger gewirkt, bis ihn das Unternehmen als dicken rot-weißen Großvater darstellte und alle Welt es ihm nachmachte. Nun hat Coca-Cola also die Kraft von Hoffnung und Glück entdeckt. Ihre offizielle Website bietet einen Blick hinter die Kulissen: »Im Laufe der Firmengeschichte hat Coca-Cola immer versucht, eine erfrischende, positive Weltsicht zu vermitteln. *Open Happiness* knüpft an diese Tradition an. Sogar in unserem modernen Leben voller Probleme und Stress lassen sich täglich Momente für die einfachen Freuden finden. Unsere neue Kampagne erinnert die Menschen daran, dass Coke in diesen Momenten Freude und Erfrischung bieten kann. Dieser neue Slogan lädt Menschen überall auf der Welt dazu ein, mit Coca-Cola ein positives Gefühl, Optimismus und Freude in ihr Leben zu bringen: *You buy Coke and you open Happiness!*«

Jedes Mittel ist dazu recht. Die Kampagne startete mit dem intensiven Einsatz junger sozialer Netzwerke. Nach einem großen Aufruf wurden drei Blogger ausgewählt, die im Laufe eines Jahres mehr als hundert Länder bereisen und die Einwohner fragen sollten, was sie glücklich macht. Coca-Cola zahlte den Bloggern nicht nur Reisekosten und Gehalt, es begleitete sie natürlich auch mit Kameras. Ein Direktor des Unternehmens erklärte: »Es geht uns nicht darum, Coca-Cola ins Zentrum zu rücken. Wir möchten eine positive Geschichte von Glück, Optimismus und Freude erzählen und hoffen, dass die Menschen dann von sich aus einen Link zu Coca-Cola setzen.« Dafür traten die drei Blogger nun mit ihrer fadenscheinigen Geschichte über Optimismus überall auf: in Fernsehjournalen und Zeitschriften, E-Mailsendungen und anderem GeTwitter. Der Werbeeffekt ist unbezahlbar. Zufällig tragen sie dabei immer Rot oder Weiß. Und so hat Coca-Cola sich dieses neuen Traums – ebenso wie damals jenes Traums vom Weihnachtsmann – schon bemächtigt, bevor wir ihn selbst zu träumen wagen.

Beim Zappen durch die TV-Werbung landet man schnell einen Treffer. Überall sieht man Variationen lachender Münder oder Smileys. Oft als subtiles Linienspiel oder im Hintergrund. Lipton Ice Tea hat inzwischen schon das Motto der Positiven Psychologie aufgegriffen. **Ihr Slogan macht aus Think positive ganz einfach Drink positive.** Die Werbeexperten wissen, was unser Handeln motiviert. In ihren Augen ist Handeln natürlich gleichbedeutend mit Kaufen und Konsumieren. Doch wir können dieses Wissen auch nutzen, um in vielen anderen Bereichen mit Hilfe der Motivatoren Hoffnung, Glück und positives Denken unsere Ziele zu realisieren.

Die Unternehmenswelt hat den Optimismus entdeckt.

MURPHYS GESETZ BRECHEN

Für ein telefonisches Live-Interview mit einem ausländischen Radiosender suche ich zu Hause ein ruhiges Plätzchen. Der Journalist ruft mich tatsächlich zur verabredeten Zeit an. Doch in einem Zimmer sind die Verkehrsgeräusche zu laut, in einem anderen zirpen die Zebrafinken. Schließlich verziehe ich mich an den ruhigsten Ort im Haus und bin zum Interview bereit. Doch nun schlägt plötzlich im Obergeschoss der durchdringende Ton des Rauchmelders Alarm. Seine Batterien müssen alle zwei Jahre ausgetauscht werden. Warum schaltet sich dieses Signal ausgerechnet jetzt ein? *Dr. Finagle,* ein geistiger Verwandter des bekannteren Edward A. Murphy, hätte eine passende Antwort auf diese Frage. Sein Gesetz lautet: Wenn etwas schiefgehen kann, dann wird es auch schiefgehen – und das zum ungünstigsten Zeitpunkt. Dr. Finagle und sein Gesetz sind Fiktionen, doch den zugrunde liegenden Gedanken erkennen wir sofort wieder. Das wissenschaftliche Pendant dazu ist Murphys Gesetz: »*Anything that can go wrong, will go wrong.*« Wenn es verschiedene Möglichkeiten gibt, etwas zu tun, und eine davon in einer Katastrophe mündet, wird es immer jemand schaffen, diese Katastrophe auszulösen. Pessimisten berufen sich oft auf dieses Gesetz, um zu beweisen, wie richtig sie mit ihrer Einstellung liegen. Sie sind der Ansicht: Wenn ein Marmeladenbrot auf den Boden fällt, wird es grundsätzlich auf der Marmeladenseite landen. **Murphy war allerdings Optimist und sein Gesetz verweist nicht auf eine wirkliche Gesetzmäßigkeit, sondern ist eher als Scherz gedacht.** Er wollte einfach deutlich machen, was es bedeutet, in der Statistik mit großen Zahlen zu hantieren: Wenn etwas bei einer bestimmten Handlung schiefgehen kann, dann geht es tatsächlich früher oder später einmal schief

– man muss die Handlung nur oft genug wiederholen. Dass es viele Male gut geht, nehmen wir überhaupt nicht wahr. Für die Situationen, in denen alles gut geht (für die Bahnschranken, die sich meistens korrekt öffnen und schließen, und die Wettervorhersagen, die oft zutreffen), hat kaum jemand einen Blick. Wir neigen dazu, alles durch die Lupe unseres Misstrauens zu betrachten. Pessimismus leitet sich von dem lateinischen Wort *pessimus* ab, was »das Schlimmste« bedeutet. Natürlich können Fehler wirklich katastrophale Folgen haben. Doch das ändert nichts an der Tatsache, dass die meisten Angelegenheiten gut ausgehen. Pessimismus sagt mehr über unsere Einstellung als über die Wirklichkeit aus. Was sich nach Ansicht der Pessimisten aus Murphys Gesetz ableiten lässt, hat in Wirklichkeit eher etwas mit einer *selbsterfüllenden Prophezeiung* zu tun: Wer annimmt, dass eine Sache ungünstig endet, trägt selbst zu diesem Ausgang bei. Die Art, wie wir die Dinge betrachten, wirkt sich darauf aus, wie sie sich entwickeln.

Suzanne Segerstrom (Universität Kentucky) hat Murphys Gesetz wissenschaftlich untersucht und einen ausführlichen Bericht zu ihrer Studie verfasst: *Optimisten denken anders. Wie Gedanken die Wirklichkeit erschaffen.* Sie gewann mit ihrer Studie einen bedeutenden Preis für Positive Psychologie. Dennoch hat sie es lange Zeit abgelehnt, sich selbst als Optimistin zu bezeichnen. Denn obwohl ihre Studie sogar wissenschaftlich belegen konnte, dass sich Optimismus besonders positiv auf unser Immunsystem auswirkt, musste sie feststellen, dass die Forschung zum Thema Optimismus nicht ernst genommen wird. Heute hat sie für sich eine akzeptable Optimismusdefinition gefunden: »Man erwartet für die Zukunft das Beste und arbeitet hart daran, es zu verwirklichen. Man ist überzeugt, die Zukunft unter Kontrolle zu haben. **Optimismus ist eine Kombination aus Einstellung und Verhalten.** Optimismus lässt sich leicht einüben, indem man sich dem Positiven zuwendet. »Vielleicht muss man anfangs bloß so tun als ob«, sagt sie, »bis man sich den Optimismus ganz zu eigen gemacht hat«: Einfach damit anfangen – darum geht es. Die erste Regel fordert, sich selbst Ziele zu setzen, sie zu notieren und einen Stufenplan zu ihrer Umsetzung zu erstellen. Hierbei sollte man Woche für Woche, Schritt für Schritt vorgehen und den Plan anpassen und korrigieren, ohne sein Ziel aus dem Blick zu verlieren.

Vielleicht muss man anfangs bloß so tun als ob, bis man sich den Optimismus ganz zu eigen gemacht hat.

Optimismus betrifft unser Verhalten. Das Verhalten lässt sich ändern. Viele unserer Eigenschaften sind zur Hälfte genetisch bedingt, unser Optimismus laut Segerstrom allerdings nur zu 25 Prozent. Er speist sich zum größten Teil aus unseren Erfahrungen – vor allem aus jenen Erfahrungen, die uns das Vertrauen geben, dass wir unsere Ziele erreichen können. Die meisten Menschen sind in dieser Hinsicht gemäßigt optimistisch. Nur wenige sind sehr optimistisch. Und noch weniger sind besonders pessimistisch. **Beim Optimismus geht es weniger um Glück als um unsere Überzeugung, dass die Zukunft mehr Gutes als Schlechtes für uns bereithält.** Optimisten sind weniger ängstlich, sie sind entscheidungsfreudiger, setzen sich Ziele und geben ihr Bestes für deren Realisierung. Und sollten sie scheitern, bringen sie genug Elan auf, um sich der neuen Lage anzupassen. Sein eigenes Temperament zu verändern, ist schwierig, aber sein Verhalten zu ändern, ist durchaus möglich.

Der Stufenplan, den Segerstrom entwickelt hat, um Murphys Gesetz zu brechen und selbst aus eingefleischten Pessimisten noch Optimisten zu machen, enthält eine Reihe einfacher Regeln. Lege dein Schicksal nicht in die Hände des Zufalls, der Lotterie oder des Roulettes. Lasse dich nicht von Zweifeln leiten, sondern vom Glauben an dich selbst. Glaube, dass die Zukunft Gutes für dich bereithält. Handle dementsprechend: Setze dir eigene Ziele, ordne sie nach Prioritäten und erstelle einen Stufenplan zu ihrer Realisierung. Gehe Hindernissen nicht aus dem Weg, erforsche sie und versuche sie zu überwinden. Lass dich vom Besten in anderen Menschen inspirieren und setze dir selbst immer wieder neue Ziele. Man muss noch kein Optimist sein, um wie ein Optimist zu handeln. Die positiven Konsequenzen werden sich schon bald bemerkbar machen. Optimismus ist eine gute Lebensstrategie. Wahrscheinlich sogar die beste.

DER GELBE HUT

Es gibt keine Diskussion, in der man ihnen nicht begegnen würde: den ewigen Nörglern und den unverbesserlichen Optimisten. Erstere schöpfen ihre Inspiration aus allem, was schiefgehen könnte, letztere aus den Chancen, die sie überall erblicken. Um zu verdeutlichen, dass es sich dabei um gleichwertige Denkweisen handelt, hat Edward de Bono das berühmte System der sechs Denkhüte entwickelt. Eine Gruppe entscheidet sich dafür, dass sich alle Gruppenmitglieder den gleichen Hut aufsetzen und für einige Minuten das Problem aus einer gemeinsamen Perspektive betrachten. So wird eine chaotische Diskussion vermieden, in der jeder an seiner eigenen

Denkweise festhält. Alle denken parallel und lernen dabei, auch andere Sichtweisen als gewöhnlich einzunehmen. Der weiße Hut steht für Information und Fakten, der rote Hut für Emotionen. Unter dem grünen Hut sitzt die Kreativität, unter dem blauen das rationale Denken. Wer sich den schwarzen Hut aufsetzt, sieht das Negative, die Gefahren und Grenzen. Wer sich für den gelben Hut entscheidet, sucht nach dem Positiven, den Vorteilen und der Harmonie. De Bonos Methode macht sich die Tatsache zunutze, dass unser Gehirn auf unterschiedliche Art und Weise zu arbeiten vermag und jeder Blickwinkel, den wir einnehmen, von einer Vorentscheidung abhängt. In gewöhnlichen Diskussionen droht der schwarze Hut alles andere zu überschatten. Der gelbe Hut steht nicht für blinden Optimismus, sondern ebenso wie der schwarze für einen analytischen Prozess und eine bestimmte Art, etwas einzuschätzen. Trägt man den gelben Hut, sucht man »allgemein positiv denkend« gemeinsam nach den Argumenten, die für eine Idee oder einen Vorschlag sprechen. Schwarz steht für eine »allgemein negative« Denkweise. Eine effiziente Diskussion könnte damit einsetzen, dass alle erst einmal den blauen Hut aufsetzen (Was ist unser Ziel?) und anschließend den roten Hut (Gefühle, Reaktionen, Meinungen). Dann betrachten alle unter dem gelben Hut die Möglichkeiten und Chancen. Der grüne Hut fördert die gesamten Ideen und Lösungsmöglichkeiten zutage. Der weiße Hut verweist auf die Fakten und der schwarze auf die Stolpersteine. Gemeinsam gestaltet man schließlich den Regenbogen einer differenzierten Lösung, in der sowohl Optimismus als auch Pessimismus ihren angemessenen Platz finden.

DANKEN

In einem Gespräch mit einem amerikanischen und einem chinesischen Psychologen suchte ich aus irgendeinem Grund nach der richtigen Übersetzung des Wortes *nieuwjaarsbrief* (dt.: Neujahrsbrief). *A new years letter?* Sie verstanden mich nicht. Schließlich wurde mir klar, dass die Schwierigkeit nicht in der Übersetzung des Wortes, sondern in der Bedeutung des Begriffs lag. Es war ihnen nicht klar, was ein Neujahrsbrief ist. Dabei war ich der festen Überzeugung gewesen, in einem der schnulzigen amerikanischen Weihnachtsfilme schon einmal einen Neujahrbrief gesehen zu haben, aber da hatte ich mich offenbar geirrt. Ich hatte entdeckt, dass es sich bei dem Neujahrsbrief um eine einzigartige, schon mehr als fünfhundert Jahre alte, typisch flämische Tradition handelt, die sogar in unseren Nachbarländern unbekannt ist. Flämische Kinder überreichen ihren Eltern am Neujahrsmorgen (oft noch im Schlafanzug) einen handgeschriebenen Brief, in dem sie sich bei ihnen für alles bedanken, was sie für sie tun. Die Kinder loben ihre Eltern für ihre Bemühungen und versprechen, ihr Bestes für ein glückliches neues Jahr zu geben. **Der Brief beginnt immer mit der Anrede »Liebster Papa, liebste Mama«**. Viele schreiben auch noch Briefe an ihre Großeltern und Paten – die danach nicht nur ihr Taschentuch, sondern oft auch ihr Portemonnaie zücken.

Wikipedia bestätigt meine Entdeckung und merkt dazu an, dass diese flämische Tradition fast ausschließlich in den Schulen vermittelt werde. Meine Nachfragen ergaben jedoch, dass die Schulen nicht besonders begeistert waren, diese Tradition fortzusetzen. Vielerorts hatte man davon Abstand genommen und schrieb nur noch mit den jüngsten Kindern Neujahrsbriefe. Oder nur noch außerhalb des Unterrichts mit Kindern, die Lust dazu hatten. Die Lehrer wissen heute nicht mehr, an wen alles die Kinder Briefe schreiben sollten. Manche Kinder leben nur bei einem alleinerziehenden Elternteil, andere in Patchworkfamilien, oder es ist unklar, ob sie getauft sind und Paten haben … Daher lassen es die Lehrer lieber gleich bleiben. Damit laufen sie aber Gefahr, das Kind mit dem Bade auszuschütten. Denn einen persönlichen Brief an die Menschen zu schreiben, die einem wichtig sind, und diesen auch noch öffentlich vorzulesen, ist mutig, schön und oft auch anrührend. Außerdem fühlen sich sowohl der Vorleser als auch der Adressat gut dabei.

Plötzlich wurde ich ein wenig stolz auf diese Tradition. Und die beiden Psychologen bestärken mich darin. »Diese Idee sollte sich doch auf andere Länder übertragen lassen«, sagen sie. Doch dann fügen sie gleich hinzu, dass sich das wohl ziemlich schwierig gestalten würde. Sowohl in der amerikanischen als auch in der chinesischen Kultur fände man es seltsam, wenn Kinder öffentlich ihre Dankbarkeit gegenüber ihren Eltern und Großeltern bekunden würden. Aus Scheu. Aus Distanziertheit.

Wir könnten den Signalwert der Geste noch verstärken, wenn wir all die vorgedruckten, Jahr für Jahr verwendeten Standardbriefe in den Mülleimer werfen würden und die Kinder in ihren eigenen Worten formulierten, was sie an den Erwachsenen, an die sie ihre Briefe schreiben, so mögen. Das kann unmöglich bei jedem Kind das Gleiche sein. Mir wäre ein authentischer Brief mit Flecken und Fehlern lieber als ein Brief voller perfekt gereimter Klischees. **Und warum setzen wir diese**

Tradition eigentlich nicht fort, wenn wir älter werden? Was hindert uns daran, einmal zu Papier zu bringen, was wir an anderen schätzen? Es ist wissenschaftlich belegt, dass eine Möglichkeit glücklicher zu werden darin besteht, sich bei anderen ausdrücklich zu bedanken. Nicht für ihr Handeln, sondern für ihr Wesen. Dafür, dass sie da sind: »Es gibt mich, weil es dich gibt.« Die Wirkung ist noch stärker, wenn wir unserem »Mentor« auf diese Weise danken können. Einem Menschen, der uns Richtung und Raum gegeben hat. Oft ist das ein Lehrer. Haben Sie sich je bei Ihrem Mentor bedankt? Dann schnell den Bleistift gespitzt, für den Neujahrsbrief ihres Lebens.

Mein Medienaufruf zur Rehabilitation des Neujahrsbriefes blieb nicht folgenlos. Zeitungen und Zeitschriften schlossen sich meinem Appell an. Am Neujahrstag wurde das Thema sogar in den Fernsehnachrichten aufgegriffen und mit beeindruckenden Beispielen illustriert. Schulen erklärten, sich wieder damit beschäftigen zu wollen. Inspirierte Lehrer berichteten, mit ihren Schülern gemeinsam sogar einen Neujahrsbrief mit Power Point erstellt zu haben. Und Institutionen zur Bewahrung der kulturellen Tradition bedankten sich bei mir. Denn ihrer Ansicht nach gehören nicht nur Denkmäler, sondern auch Sitten und Gebräuche zum kulturellen Erbgut. Der Neujahrsbrief ist eine Tradition, die wir pflegen sollten. Er macht uns dankbar und vermittelt uns das Gefühl, wertgeschätzt zu sein. Wir fühlen uns emotional berührt und glücklich. Er vermittelt eine einfache optimistische Botschaft, die für seinen Verfasser ebenso bedeutsam ist wie für seinen Adressaten. Wird die Tradition des Neujahrsbrief sich vielleicht auf der ganzen Welt verbreiten?

Nicht nur Denkmäler, sondern auch Sitten und Gebräuche gehören zum kulturellen Erbgut.

VERGEBEN

Glück wird oft mit Geben in Zusammenhang gebracht. Doch es hat auch viel mit Vergeben zu tun. Vergebung ist ein Geschenk, das man sich selbst macht. Man wirft einen Rucksack voller Wut und Schmerz endlich ab, statt ihn noch länger mit sich herumzuschleppen. Das ist eine optimistische Tat. Wer vergibt, entscheidet sich dafür, nicht länger in der Vergangenheit, sondern in der Gegenwart und in der Zukunft zu leben. Vergebung ergibt sich nicht von selbst, sie beruht auf einer Entscheidung. *Frederic Luskin* (Stanford Universität) hat die dazu erforderli-

Vergebung ist ein Geschenk, das man sich selbst macht.

chen Schritte ermittelt. Seiner Ansicht nach braucht man auf jemanden, von dem man verletzt worden ist, nicht mehr zuzugehen. Man kann ebenso gut Distanz zu ihm halten. Aber man erleichtert sich sicherlich das Leben, wenn man ihm vergeben kann. Wie vergibt man?

Sprechen Sie über ihre Frustration und erlegen Sie sich dabei keine Schranken auf. Schütten Sie guten Freunden Ihr Herz aus. Es ist hilfreich, seine Gefühle zu benennen und sie ins rechte Licht zu rücken. Hören Sie dann damit auf, darüber nachzudenken und zu diskutieren, wer im Recht ist. Konzentrieren Sie sich darauf, was Sie aus dieser Erfahrung gewinnen können. Was haben Sie gelernt? Wodurch sind Sie stärker geworden? Die beste Rache besteht doch darin, dass es Ihnen trotz allem gelingt, ein gutes Leben zu führen! **Werden Sie selbst zum Helden ihrer Lebensgeschichte.** Opfer haben ihr Leben nicht im Griff, Helden schon. Vielleicht gab es jemand, der Sie unglücklich machen wollte, doch letztlich entscheiden Sie selbst, ob Sie unglücklich bleiben wollen. Partner und Kollegen können einen verletzen, aber auch eigene Fehler und unerfüllte Erwartungen können schmerzen. Manchmal weiß man nicht einmal mehr, warum man sich so sehr verletzt fühlt. Und bisweilen muss man sich selbst für eine Selbsteinschätzung vergeben, die man lange mit sich herumgetragen hat: »Ich bin es nicht wert, geliebt zu werden, erfolgreich zu sein, Spaß zu haben oder glücklich zu sein.« Entscheiden Sie sich für einen positiven Blick auf ihr eigenes Ich und lassen Sie nicht zu, dass die Vergangenheit die Gegenwart und die Zukunft bestimmt. Wer nicht vergeben kann, lässt sich sein Leben von quälenden Frustrationen vergällen. Es kann möglicherweise auch eine Hilfe sein, alle Fehler und Verletzungen aufzuschreiben. Das ist wirkungsvoller, als sie nur zu äußern. Anschließend das Schriftstück zu verbrennen, ist ein starker symbolischer Akt der Vergebung.

Zu vergeben bedeutet, sich und anderen keine Vorwürfe mehr zu machen und die negativen Gefühle durch die positive Frage zu ersetzen: Was kann ich letztlich daraus gewinnen? Mit dieser Frage entscheiden Sie sich dafür nach vorne zu schauen. Sie schließen Frieden mit der Vergangenheit und entscheiden sich dafür, sich der Zukunft zuzuwenden. Vergeben heißt nicht immer Vergessen. Der Schmerz ist womöglich nicht völlig verschwunden. Und er wird vielleicht niemals vergehen. Aber wenn Sie vergeben, übernehmen Sie wieder die Verantwortung für ihr Verhalten und ihre Gefühle. Denn diese Verantwortung liegt nicht bei anderen, sondern bei Ihnen selbst. Sie machen das Beste aus Ihren Möglichkeiten. Und weil Sie besser Bescheid wissen, handeln Sie klüger.

OPTIMISTEN SIND GESÜNDER

Wer gesund ist, ist dennoch oftmals unglücklich. Und wer krank ist, kann trotz allem ziemlich glücklich sein. Allerdings sind Optimisten in aller Regel tatsächlich gesünder. Daher sollten wir uns gegenseitig eigentlich nicht »Gute Gesundheit!«, sondern besser »Mehr Optimismus!« wünschen.
Und Glück? Glück ist ein Nebenprodukt einer optimistischen Einstellung. Was wissen wir über Optimisten?

1. SIE LEBEN BETRÄCHTLICH LÄNGER.
2. SIE ERKÄLTEN SICH NICHT SO SCHNELL.
3. SIE SIND WENIGER ANFÄLLIG FÜR HERZERKRANKUNGEN.
4. SIE ATMEN LEICHTER UND LEIDEN SELTENER AN LUNGENERKRANKUNGEN.
5. SIE KÖNNEN BESSER MIT STRESS UMGEHEN.
6. SIE ENTWICKELN STÄRKERE WIDERSTANDSKRÄFTE.
7. SIE ERHOLEN SICH SCHNELLER VON KRANKHEITEN.

DAS REZEPT

Wir haben in den vergangenen Jahren weltweit viel über Glück gelernt. Zum ersten Mal wird dieses Wissen auch auf Konferenzen und in Studien zu »Lebensqualität« und »subjektivem Wohlbefinden« gebündelt. Heute ist das Thema Glück nicht mehr nur Philosophen, Geistlichen, Gurus, Spirituellen und Himmelsstürmern vorbehalten. Auch Psychologen, Soziologen und Ökonomen entwickeln dazu Theorien, die auf den Untersuchungen mit ganz gewöhnlicher Menschen basieren. Wer jedoch behauptet, das einzige Glücksrezept zu kennen, ist zweifellos ein Scharlatan, um den man einen großen Bogen machen und von dessen aufgetischten Gerichten man keinesfalls kosten sollte. Bei der Glücksspeise kann es sich bestimmt nicht um französische Küche handeln. Denn die Franzosen messen ihrem eigenen Glück im Durchschnitt nur einen Wert von 6,5, bei einer Skala von 1 bis 10 – wobei 10 das höchste Glück bedeutet – bei, und damit liegen sie gleichauf mit Indonesien, Honduras und Nigeria. Das ist nicht gerade die *Haute Cuisine* des Glücks.

Bei meiner Untersuchungen für *The World Book of Happiness* bin ich zwei sympathischen Professorinnen aus Zagreb begegnet: *Dubravka Miljkovic* und *Majda Rijavec.* Als Psychologinnen haben sie ein starkes Interesse an einem universellen Glücksrezept und einige erfolgreiche Bücher dazu veröffentlicht. **Sie haben erforscht, welche Zutaten unerlässlich sind und welche den Geschmack noch verfeinern.** Das Mischungsverhältnis ist Geschmackssache. Sie raten vor allem dazu, nicht solange zu warten, bis wir uns das große Festmahl des Lebens bereitet haben. Stattdessen stellen sie uns ein Rezept für eine alltägliche Glücksmahlzeit vor.

Das ist das Rezept für eine alltägliche Glücksmahlzeit.

Fangen Sie mit einem guten Ofen an, am besten mit einem, der schon lange in Familienbesitz ist. Nutzen Sie ihre eigenen Kochkünste und achten Sie auf die richtige Temperatur und die richtige Backzeit.

Sechs essenzielle Grundzutaten: Einige gute, zuverlässige Freunde (und vielleicht einen schlechten, damit man sich den Unterschied bewusst macht). Eine stabile Liebesbeziehung, die Herausforderung einer Arbeit, die zu Ihren Fähigkeiten passt. Genug Geld für Ihre Grundbedürfnisse (und für ein paar Extras hier und da). Mindestens drei schöne Erlebnisse am Tag. Dankbarkeit für alle genannten Zutaten.

Fünf mögliche Zutaten: ein Kind oder mehrere. Einen Gott und ein paar Heilige. Ein paar Zusatzjahre an Ausbildung. Physische und (mehr oder weniger) mentale Gesundheit. Einige Enttäuschungen.

Mischen Sie alles mit Sinnsuche. Richten Sie es mit mehr positiven als negativen Gefühlen an. Nehmen Sie sich die Dinge zu Herzen, aber lassen Sie sich ihr Glück nicht davon zerstören. Bleiben Sie neugierig, lernen Sie Neues und wachsen und entfalten Sie sich als Person.

GÖNNEN SIE SICH EIN EIS

Zwischendurch mal ein Eis essen gehen, obwohl man eigentlich andere Pflichten hätte – das geht doch nicht. Aber vielleicht eröffnet sich Ihnen dabei die Chance ihres Lebens. Auf jeden Fall kann Eis essen gehen zum eigenen Glück beitragen, wie mir der dänische Wirtschaftswissenschaftler Christian Bjornskov berichtet. Seine Geschichte führt unmittelbar vor Augen, warum die Dänen als die glücklichsten Menschen der Welt gelten.

Irgendwann saß Bjornskov an einem Essay über Sozialkapital und kam damit nicht recht voran. Daher entschied er sich, seinen Computer auszuschalten und draußen ein Eis essen zu gehen. Diese Aktion wurde zum Ausgangspunkt seiner Studien und seiner Erkenntnisse zum menschlichen Glück. »Mein Büro zu verlassen und etwas anderes zu tun, als ich sollte, brachte mir eine Eigenschaft zu Bewusstsein, die zum Glück der Dänen mit beiträgt: ihr Glaube an ihre persönliche Freiheit und ihr daran ausgerichtetes Handeln.« Die Einwohner Dänemarks (und Islands, das ebenfalls zu den Top-Five der glücklichsten Völker zählt) teilen mit einigen sehr glücklichen lateinamerikanischen Völkern die Überzeugung, an dem, was in ihrem Leben schiefläuft, selbst etwas ändern zu können. Diese Überzeugung ist vollkommen subjektiv. Schweden und Norweger, die andere Hälfte der alten Wikingerwelt, sind davon weniger überzeugt. Vielleicht ist das einer der wichtigsten Gründe, warum sie auf der Glücksskala nur einen geringeren Wert erreichen. Gerade die dänische Kombination aus einem starkem Individualismus und einem großen Vertrauen in die Mitmenschen scheint ein Erfolgsrezept zu sein. Dänen vertrauen mehr als andere auf die Fairness ihrer Mitbürger und im Allgemeinen verhalten sie sich auch erstaunlich fair. Die Steuern sind besonders hoch, sie liegen bei 48 Prozent des Einkommens. Aber darüber wird relativ wenig geklagt. Dänen vertrauen ihren staatlichen Institutionen, die Vermögensverhältnisse in Dänemark sind relativ ausgeglichen.

Auf der Europäischen Konferenz für Positive Psychologie in Kopenhagen hat Ruut Veenhoven, der Gründer von »The World Database of Happiness«, beschrieben, worin sich das Glück der Niederländer im Einzelnen von dem Glück der Dänen unterscheidet. Dieser Unterschied beruht nicht in erster Linie auf den klimatischen Verhältnissen, den Genen, der internationalen Stellung des Landes, der Ökonomie, der Regierung oder der sozialen Sicherheit, sondern auf dem Staatswesen. Das Staatswesen in Dänemark ist stärker ausgebildet. Wenn es sich hierbei um einen guten Staat handelt, ist daran nichts auszusetzen. Es sorgt unter anderem für mehr Gleichheit und geistige Gesundheit. Der Akzent liegt dabei auf Prävention. »Hier sind mehr Psychologen als Psychiater im Einsatz«, sagt Veenhoven lachend. Ein wichtiger Schlüssel zum Glück scheint auch das Bildungssystem zu sein. Dänische Kinder und Jugendliche gehen gern zur Schule. Im Pisa-Test erreichen sie zwar nicht die besten Resultate, dafür wird mehr Wert auf soziale Kompetenzen gelegt, auf den Umgang miteinander und den Umgang mit Erfolgen und Niederlagen. Dänische Schüler fühlen sich wohl in ihrer Haut.

Hans Henrik Knoop, der dänische Vorsitzende der Konferenz, fügte aus eigener Erfahrung noch ein wichtiges Element hinzu: »Wir erziehen unsere Kinder relativ wenig zu Gehorsam«, sagt er. »Ich weiß, dass sich das für Menschen aus anderen Ländern seltsam anhört, aber wir legen viel weniger Wert darauf, dass sich die Kinder anpassen. Im Grunde werden wir von Kindesbeinen an dazu ermutigt, auch mal über die Stränge zu schlagen.« Plötzlich wird mir deutlich, warum Bjornskov erzählt hat, dass sein wirklicher Glücksmoment an diesem Tag darin bestanden hatte, einfach sein Büro zu verlassen und ein Eis essen zu gehen. Seine weitere Forschung ist davon geprägt worden. Ich weiß nicht, mit was Sie jetzt gerade beschäftigt sind. Aber vielleicht sollten Sie das Buch nun einfach zuschlagen und – in Respekt vor und im Vertrauen auf ihre Mitmenschen – etwas tun, was man gerade nicht von Ihnen erwartet. Ich bin gespannt auf das Ergebnis.

Vielleicht sollten Sie das Buch nun einfach zuschlagen.

3. TRANSFORM – OPTIMISTEN VERÄNDERN SICH

Transformers sind Roboter, die durch Filme, Fernsehserien, Comics und als Spielzeugfiguren weltberühmt geworden sind. Sie können sich nach Belieben in Fahrzeuge, Tiere oder Maschinen verwandeln. Diese Roboter repräsentieren die jahrhundertealte Sehnsucht des Menschen, sich verändern oder verwandeln zu können. Entgegen der seit langem bestehenden Ansicht einiger Philosophen, dass alles von Anfang an feststeht und daran im Grunde nicht zu rütteln ist, wissen wir heute jedoch, dass wir nicht bloß so sind, wie wir immer schon waren. **Wir sind vor allem auch, wer wir geworden sind.** Bei den *Transformers* gibt es zwei Gruppen, die sich gegenseitig bekämpfen. Die positiven *Autobots* heißen Optimus Prime, Sunstreaker, Powerglide oder Silverbolt. Sie müssen es mit den negativen *Decepticons* wie Thundercracker, Shockwave oder Breakdown aufnehmen. Die Namen sagen eigentlich schon alles. Woher aber nehmen die *Decepticons* ihre negative Kraft? Sie wurden zu einem einzigen Zweck entwickelt: als militärische Kampfmaschinen. Transformationen dienen immer nur einem Zweck. Die Veränderungen, die die Roboter durchmachen, sind oft höchst überraschend. Das Original ist kaum noch wiederzuerkennen. Mit dieser Art der Darstellung wird suggeriert, dass Veränderungen immer riesig sein müssen (und darum auch eine Bedrohung darstellen).

Wir denken, dass große Veränderungen durch große Eingriffe bewirkt werden. Doch das ist nicht immer der Fall: Es genügt schon ein einziger Tropfen Gift, um uns zu töten. Ein zwei Sekunden langer Blick in die Augen eines anderen Menschen kann unser Leben verändern. **Kleine Ursachen haben große Wirkung.** Einmal ruhig durchzuatmen oder eine Prioritätenliste für sein Leben zu erstellen, mag wie eine kleine Maßnahme erscheinen, es könnte jedoch durchaus von Gewicht sein. Oft wird etwas, das wenig Mühe, Geld und Zeit kostet, als nicht wichtig angesehen. Was für ein Vorurteil.

Sich selbst zu verändern, erscheint nur so schwer, weil es so einfach ist. Wir sind keine transformierenden Roboter. Vielleicht sollten wir das Leben besser als einen Klumpen Lehm betrachten, den wir, entsprechend unserer Vorstellung davon, was wir erreichen wollen, formen können. Glücklicherweise stehen wir damit nicht alleine da, Veränderungen finden immer im Austausch mit anderen statt. Wir verändern uns ständig. Auch wenn man uns bei einem Klassentreffen aus reinem Wunschdenken oder sozialem Druck das Gegenteil weiszumachen versucht (»Wir sind ja alle noch genau wie früher!«, »Du hast dich kein bisschen verändert!«). Optimisten nehmen ihren Veränderungsprozess gern selbst in die Hand. Sie bestimmen Ziel und Richtung, und sie lassen sich und anderen dafür den nötigen Freiraum.

WIE FINDET MAN EINEN ANFANG?

Wie sieht der erste Schritt auf dem Weg zum Optimisten aus? Die beste Art, die eigenen Träume zu verwirklichen, ist: aufwachen. Wirklich aufwachen. In welcher Welt lebe ich eigentlich? Wie sehe ich mich und wie wirke ich auf andere? Was ist mein wichtigster Beweggrund dafür, morgens aus den Federn zu kommen? Pessimisten reagieren auf diese Fragen vollkommen anders als Optimisten. Wenn Sie sich eingestehen können, dass das alles noch etwas besser laufen kann, haben Sie den ersten Schritt schon getan. Das Licht wurde ja auch in der Dunkelheit erfunden.

Und schon beginnt Ihr eigenes Trainingsprogramm. Und das ist halb so schlimm. Sie wissen vielleicht, dass Edison mehr als tausend fehlgeschlagene Versuche hinter sich hatte, als er die Glühlampe erfand. Als man ihn fragte, ob er bei all den Fehlschlägen nicht den Mut verloren hätte, antwortete er, dass es sich ja gar nicht um missglückte Versuche gehandelt habe. Er habe halt einfach nur unzählige Arten entdeckt, wie es nicht funktioniert. Schließlich aber sei es ihm geglückt. Es sei eine Frage des Durchhaltevermögens und des Willens, aus jeder Erfahrung eine Lehre zu ziehen.

Der schlechteste Ratgeber? Angst. Weil sie vor Angst wie gelähmt sind, gelingt es Pessimisten manchmal nicht einmal mehr, aktiv zu werden oder etwas wirklich zu genießen. Laden Sie zwei Leute zu einer Fahrt mit einem Heißluftballon ein: Der Optimist wird alles in seiner ganzen Schönheit genießen. Der Pessimist sieht sich jeden Moment in Flammen aufgehen und abstürzen. Die Ausgangssituation ist aber für beide gleich, nur ihre Bewertungen unterscheiden sich. Diese Bewertungen werden oft von unserer Vorgeschichte, unserer Erziehung und unserem Umfeld bestimmt. Aber damit müssen wir uns nicht abfinden. Lassen Sie sich nicht von Angst, sondern von Hoffnung leiten. Hoffnung ist wie ein Vogel, der schon in der Dunkelheit singt, weil er spürt, dass die Morgendämmerung bald hereinbricht. Angst ist wie ein feiger Hund, der sich bereitwillig von jedem, der sein Herr sein will, einen Knochen hinwerfen lässt.

Sind Sie noch immer nicht ganz davon überzeugt, dass Sie ein (noch größerer) Optimist werden möchten? Es kann Sie niemand dazu zwingen. Sie sollten nur erkennen, dass Sie eine Wahl haben. Sie haben es selbst in der Hand. Sie entscheiden, wie Sie die Realität sehen möchten. Optimisten haben mehr Freunde und mehr Erfolg. Sie erreichen mehr und führen ein

Sie entscheiden, wie Sie die Realität sehen möchten.

abwechslungsreicheres Leben. Sie sind gesünder und glücklicher. Sollten Sie sich dennoch dafür entscheiden, mit einer pessimistischen Grundhaltung durchs Leben zu gehen, dann lesen Sie besser nicht weiter. Es würde Sie nur noch unglücklicher machen. Für alle anderen gilt: Machen Sie den ersten Schritt und fangen Sie endlich an.

Wie lerne ich positiv zu denken? In einem mit depressiven Menschen durchgeführten Experiment wurden die Teilnehmer gebeten, zu Hause und am Arbeitsplatz zehn selbstklebende Farbsticker anzubringen. Immer wenn ihr Blick zufällig auf einen solchen Sticker fiel, sollten sie sich etwas vorstellen, was sie froh und glücklich macht. Nach dreißig Tagen stellte sich ein spürbar positiver Effekt ein. Nun gut, Sticker lösen sich möglicherweise zu schnell wieder ab. Sie können stattdessen aber auch ein paar besondere Gegenstände in ihrem Umfeld auswählen oder aufstellen. Nehmen Sie sich also vor, immer, wenn Ihr Auge auf einen solchen Gegenstand fällt, an etwas Positives zu denken. So trainieren Sie Ihren Geist. Aus diesem Grund stellen sich viele Menschen Fotos ihrer Familie und Kinder auf den Schreibtisch, heften sie ans Armaturenbrett oder nehmen sie als Bildschirmschoner. Aber bitte: Hüten Sie sich davor, den deprimierenden Satz »Du fehlst mir so« darüberzuschreiben. Ohne diesen Zusatz können die Fotos Sie dazu motivieren, sich anzustrengen.

Dankbarkeit ist der nächste Schritt. Wir haben uns an so viele Dinge gewöhnt, dass wir über nichts mehr staunen und für nichts mehr dankbar sind. Während meiner ersten Afrikareise, die mich in die Elendsgebiete von Burkina Faso, einem der ärmsten Länder der Welt, führte, habe ich mich ganz tapfer gehalten. Ich habe zwar eine Menge Elend gesehen, bin aber auch vielen stolzen und hoffnungsfrohen Menschen begegnet. **Erst als ich wieder zu Hause war, bin ich in Tränen ausgebrochen.** Und zwar genau in dem Augenblick, als ich sah, wie Wasser ganz einfach aus dem Wasserhahn strömte. Ich versuche, mir dieses Gefühl zu bewahren und dankbar zu sein für das, was ich habe. Manchmal kommt zwar nur ein Rinnsal aus dem Wasserhahn oder es dauert ein paar Minuten, bis das Wasser warm wird, aber dafür hat man dann auch etwas Zeit, einfach mal dankbar dafür zu sein, dass Wasser bei uns ein alltägliches Gut ist. Hat der Zug zehn Minuten Verspätung? Zeit genug, sich kurz den gigantischen Neubau neben dem Bahnhof und das Aufgebot an Arbeitern anzuschauen, zu beobachten, wie die Baukräne sich drehen, und die Choreographie der ankommenden und abfahrenden Lastwagen zu bestaunen. Stehen Sie im Stau? Dann haben Sie Zeit für sich und können eine CD einlegen. Ist ein Unfall passiert und es geht nicht voran? Seien Sie froh, nicht selbst darin verwickelt zu sein und bald unbeschadet weiterfahren zu können. Ich bin mir sehr wohl bewusst, dass das naiv klingt. Aber die Methode funktioniert. Der Zug hat doch nun einmal Verspätung und der Verkehr steht eben still. Da macht es wenig Sinn, damit zu hadern.

Eignen Sie sich also ein paar einfache Techniken an, die Ihnen dabei helfen, sich positive Verhaltensweisen anzugewöhnen. Tragen Sie zum Beispiel ein Armband am linken Handgelenk. Wenn Sie sich bei einem pessimistischen Gedanken ertappen, wechseln sie zum rechten Handgelenk und tragen Sie es dort so lange, bis Ihnen wieder ein optimistischer Gedanke in den Sinn kommt. Ziel ist es, das Armband sieben Tage lang links zu tragen.

Eine andere Technik wende ich schon seit mehr als zwanzig Jahren selbst an, habe aber erst vor kurzem erfahren, dass es einen englischen Begriff dafür gibt und die Wirkung jetzt psychologisch nachgewiesen ist: das *Gratitude Journal*, ein Dankbarkeitstagebuch. Schreiben Sie jeden Abend drei Sätze darüber, was Sie an diesem Tag Gutes erlebt haben. Es muss nichts Besonderes sein, am besten Sie schildern Erfahrungen, zu denen Sie selbst beigetragen haben. Also nicht: »Die Sonne schien«, sondern »Ich habe mir eine Stunde frei genommen, um die Sonne zu genießen.« **Wenn Sie sich selbst dazu verpflichten, mindestens drei positive Erfahrungen am Tag zu notieren, werden Sie aktiver danach suchen**. Sie führen das schon oft aufgeschobene Telefonat mit einem Bekannten, Sie nehmen eine Einladung an, statt sie einfach abzulehnen, sie lassen Theaterkarten zurücklegen und so weiter. Später sind Sie sich dafür bestimmt dankbar. Fangen Sie also heute noch damit an. Schon nach einem Monat haben Sie fast einhundert positive Erfahrungen zusammengetragen, nach einem Jahr mehr als tausend, in zehn Jahren über zehntausend … Wenn Sie das Tagebuch dann irgendwann durchblättern, überkommt Sie gewiss ein großes Gefühl der Dankbarkeit für alles, was sie schon erlebt haben. Natürlich haben Sie auch Negatives erfahren, aber die positiven Situationen überwiegen bei weitem. Sie haben das Gefühl, dass Sie Ihr Leben auf positiven Erfahrungen aufgebaut haben.

Eine Mutter berichtete mir einmal, dass sie diese Methode schon seit ein paar Monaten bei ihren beiden Kindern (vier und fünf Jahre alt) erfolgreich anwende. Jeden Abend bittet sie die Kinder, ihr drei Dinge zu nennen, die sie froh gestimmt hätten. Diese schreiben sie dann gemeinsam auf. Auch wenn es nur etwas scheinbar Unbedeutendes gewesen sein mag, wie »Heute habe ich mir zum ersten Mal mein Marmeladenbrot selbst geschmiert«. Die Mutter möchte den Kindern die Tagebücher zum achtzehnten Geburtstag schenken. Dann werden sie über zehntausend positive Erfahrungen enthalten: eine Schatzkiste fürs Leben. Hoffentlich hält sie durch. Ich habe ihr natürlich empfohlen, auch für sich selbst ein solches Buch anzulegen. Denn allzu oft stellen wir unsere eigenen Interessen hinter denen unseres Partners oder unserer Kinder zurück, obwohl wir gerade auch an unserem eigenen Glück bewusst arbeiten sollten. Denn dadurch wird es irgendwann allen besser gehen.

Versuchen Sie es doch einmal so:

1. VEREINFACHEN SIE IHR LEBEN.
Wenn Ihr Kalender mit lauter Dingen vollgestopft ist, die Sie unbedingt erledigen »müssen«, ist es schwer, optimistisch zu bleiben. Betrachten Sie die Eintragungen kritisch und trauen Sie sich ruhig, einige zu streichen. Auch angenehme Verabredungen. Genug ist genug.

2. MENSCH ÄRGERE DICH NICHT.
Natürlich drängelt sich wieder jemand vor, schnappt Ihnen jemand den Parkplatz weg oder belästigt Sie jemand mit Callcenter-Anrufen. Bleiben Sie ruhig. Vielleicht ist auch der andere mit dem verkehrten Bein aufgestanden. Und womöglich regt ihn ja Ihre unerwartet positive Reaktion zum Nachdenken über sein eigenes Verhalten an.

3. BELOHNEN SIE SICH.
Ist eine Aufgabe erledigt? Belohnen Sie sich. Verwöhnen Sie sich ab und zu. Auch wenn es keinen wirklichen Anlass dazu gibt. Schon die Vorfreude wird Sie fröhlich stimmen.

4. MACHEN SIE DAS BESTE DARAUS.
Sie stehen wieder einmal in einer Schlange. Vielleicht ist das die Gelegenheit für ein spontanes Gespräch mit einem anderen Wartenden?

5. MACHEN SIE SICH SELBST NICHT SCHLECHT.
Es ist nicht so gelaufen, wie Sie es sich vorgestellt haben. Aber deshalb sind Sie noch lange kein Idiot. Beim nächsten Mal gelingt es Ihnen besser!

DIE ERSTEN SCHRITTE ZUM GLÜCK

Glück erwächst nicht daraus, dass wir plötzlich etwas haben, was wir zuvor nicht hatten. Es entsteht vielmehr dadurch, dass wir erkennen, was wir haben und das zu würdigen wissen. Dabei geht es nicht so sehr um Spaß, sondern um eine bewusste Zufriedenheit mit dem Leben, das wir führen. Reklame gaukelt uns das Leben als Seifenoper voller Sonnenschein, Partys und Erfolge vor. Doch niemand führt ein solches Leben.

Natürlich können Sie versuchen, Ihr Leben zu ändern. Vielleicht könnten Sie mit einer anderen Arbeitsstelle, einem neuen Haus oder einem Lottogewinn glücklicher sein. Viele sind davon überzeugt, dass sie ihr Glück auf diese Weise finden könnten. Andere denken, sie müssten einfach mehr Zeit mit ihren Freunden verbringen, häufiger in Urlaub fahren oder einmal richtig gut essen gehen. Auch daran ist nichts auszusetzen. Probieren Sie es aus und genießen Sie es. Aber wahres Glück finden Sie auf andere Weise.

Sie müssen Ihr Leben nicht unbedingt gleich ändern. Sie können schon viel erreichen, wenn Sie die Perspektive ändern, unter der Sie Ihr Leben betrachten. Sind Sie zufrieden? Genießen Sie Ihr Leben, so wie es ist? Glauben Sie, sie könnten sich darin üben glücklicher zu sein, ohne Ihr Leben groß zu verändern? Selbstverständlich geht es hier nicht darum, die negativen Dinge in Ihrem Leben zu genießen. Es wäre natürlich idiotisch, freudig zu lachen, wenn ein Strafzettel an Ihrer Windschutzscheibe klemmt, wenn Sie einen Wettkampf verlieren, sich ein Bein brechen oder ein Unglück über Sie hereinbricht. Das Beste, was Sie in solchen Fällen tun können, ist, dem Ganzen eine positive Wendung zu geben, indem Sie die Erfahrung als Lernprozess betrachten. Was können Sie daraus für sich gewinnen, wie können Sie ähnliche Situationen in Zukunft vermeiden? Es geht einfach darum, das Leben als Ganzes zu würdigen und sich der vielen positiven Erfahrungen in Ihrem derzeitigen Leben bewusst zu sein.

Man sollte Pessimisten allerdings nicht dazu auffordern, alles Positive in ihrem Leben aufzulisten. Das können und wollen sie nicht. Eine Mutter von Zwillingen schilderte mir eine halbe Stunde lang, dass sie alle auftretenden Probleme doppelt durchstehen müsse: Sie müsse nachts doppelt so oft aufstehen, doppelt so viele Streitigkeiten schlichten, für doppelt so hohe Kosten aufkommen und so weiter. Erst als ich sie fragte, ob sie es schön fände, Mutter zu sein, erzählte sie mir, wie sehr sie sich danach gesehnt habe, auch weil es zunächst nicht gelingen wollte. Ich merkte an, dass sie nun doch alles gleich doppelt genießen könne. Sie habe gewiss doppelt so viele Kuscheltiere für die Kinder bekommen und auf lange Sicht spare sie sicherlich auch viel Zeit, weil ihre Kinder gleichzeitig heranwüchsen. Ach, von dieser Seite hatte sie es noch gar nicht betrachtet.

Mit einer anderen Frau war ich bereits eine halbe Stunde im Gespräch, als sie mir erzählte, dass sie Brustkrebs habe, aber versuchen möchte, die Krankheit nicht zu verschweigen oder zu bagatellisieren. Sie sei nur froh, dass die Ärzte heute dazu in der Lage sind, so schnell eine Diagnose zu stellen. Ihre Mutter habe dieses Glück nicht gehabt. Weiter sagte sie, sie habe eine fünfzigprozentige Chance, ihre Krankheit zu besiegen – und erwähnte dabei nicht, dass auch die Krankheit eine fünfzigprozentige Chance hatte, sie zu besiegen. In beiden Episoden spielt die Perspektive eine entscheidende Rolle: die negative und die positive. Die negative Sichtweise macht unglücklich, die positive glücklich und das unabhängig von der realen Lebenssituation. Man sollte meinen, die erste Frau hätte glücklicher sein müssen als die zweite. Aber dem war nicht so.

Wir machen in unserem Leben alle ähnliche Erfahrungen, im positiven wie im negativen Sinne: Höhen und Tiefen. Ob wir unser Leben zu schätzen wissen, hängt jedoch davon ab, worauf wir uns letztlich unser Augenmerk richten. Oft werden wir schon als Kind auf eine bestimmte Einstellung hin getrimmt, aber diese Einstellung ist nicht unveränderlich. Eine positive Grundeinstellung lässt sich auch einüben. Sie entscheiden, ob Sie den Akzent auf Ihre Angst und Ihren Kummer oder auf Ihre Freude und Ihre Träume legen.

Die größte Tücke in dieser Phase ist Verleugnung! Gehen Sie Negativem nicht aus dem Weg, beschreiben Sie es, thematisieren Sie es, geben Sie ihm einen Platz in Ihrem Leben – und erstellen Sie einen Plan, um es zu minimieren oder dagegen anzugehen. Selbstverständlich sollte ein Krebspatient nicht so tun, als wäre er gar nicht krank. Genauso wenig sollte eine junge Mutter so tun, als wären ihre Kinder eine einzige Freude. In einem fort zu grübeln oder sich endlos Sorgen zu machen, hilft hier aber auch nicht weiter. Das ist natürlich leichter gesagt als getan. Wer sich ein Leben lang an Negativem orientiert hat, wird sich nicht von einem auf den anderen Tag auf das Positive konzentrieren. Aber Veränderung ist möglich und vollzieht sich schrittweise.

Wir sprachen bereits davon, wie wir Dankbarkeit für das, was wir haben, erlernen können. Sie können beispielsweise dieses Buch lesen, weil Sie das Glück hatten, lesen gelernt zu haben. Sie sind von anderen Menschen nicht extrem abhängig und können daher in den allermeisten Fällen ihre eigenen Entscheidungen treffen. Das alles sind Fähigkeiten, für die man dankbar sein kann. Und selbst wenn vieles schiefgeht, gibt es immer noch Lichtblicke.

Das wird mir jedes Mal besonders deutlich, wenn ich *Arnoud Raskin* zuhöre oder zusehe. Raskin baut mobile Schulen und zieht damit zu den Müllkippen in der ganzen Welt, dorthin wo es den Straßenkindern an jeglicher Form positiver Anregung fehlt. Diesen Kindern bringt er bei, sich selbst wieder zu entdecken. Sein Konzept entspringt aber nicht der paternalistischen Vorstellung, diese Kinder seien auf unsere Hilfe angewiesen. Er nutzt nämlich auch das Wissen, das sie zu ihrem Überleben einsetzen, um daraus Lehren für uns zu ziehen. Er hält weltweit Vorträge zu diesem Thema und bietet Kurse dazu an. Er zeigt Managern und anderen Führungspersönlichkeiten Filme, in denen die Straßenkinder zu Wort kommen. Alle Anwesenden sind über ihre große Lebensweisheit und Kreativität verblüfft. Die Manager gehen damit in ihre Unternehmen zurück und setzen die neuen Erkenntnisse in den eigenen Teams ein. Das Geld, das Raskin verdient, investiert er direkt wieder in die Ausbildung der Straßenkinder. Ich kenne kein hoffnungsvolleres Projekt als dieses. Auch hier geht es um die Entscheidung für eine positive Einstellung, und das unter Umständen, in denen es jedem von uns schwerfallen würde, auch nur den geringsten Hoffnungsschimmer zu sehen.

Versuchen Sie also, auch in negativen Situationen das Positive zu sehen. Fangen Sie mit Dingen an, die Sie bei der Arbeit oder im Leben stören. Gibt es denn wirklich gar nichts Nettes über Ihren Chef oder Ihre Kollegen zu sagen? Sehen Sie um sich herum immer nur Mängel und Unzulänglichkeiten oder auch ab und an die Chancen, die jede Situation bietet? Wer die Grundelemente seines Lebens bewusst wahrnimmt, lernt sie oft auch zu schätzen. Was ist denn zum Beispiel positiv an Ihrer Familie, Ihren Freunden, Ihrer Arbeit, Ihrer Gesundheit, Ihren Lebensumständen und Ihrer Freiheit …? Wer diese Dinge zu schätzen weiß, sieht neue Chancen und macht den ersten Schritt auf dem Weg zu einem glücklichen Leben.

Wer die Grundelemente seines Lebens bewusst wahrnimmt, lernt sie oft auch zu schätzen.

UND WENN MAN FEHLER MACHT?

Vor mir sitzt ein junger Mann. Er ist kaum siebzehn Jahre alt und war bereits zweimal als Patient in einer geschlossenen psychiatrischen Einrichtung. Ich begleite als Beobachter ein Camp von *Youth at Risk*. Junge Leute, die Schlimmstes erlebt haben, kommen hier in einem sicheren

Umfeld zusammen, um zu lernen, aus ihrem Leben endlich etwas Positives zu machen. Alleine schaffen sie es nicht. Heute ist für sie der dritte Tag einer intensiven ersten Woche. Alle haben für sich konkrete Ziele formuliert (»Ich will alleine wohnen«, »Ich möchte endlich wieder mit meiner Mutter reden können«, »Ich möchte eine Vollzeitstelle«, »Ich will meine Drogenfreunde nicht mehr treffen« usw.). Ihnen steht ein ehrenamtlicher Coach zur Seite, der sie ein Jahr lang begleitet, um zu sehen, wie sie zurechtkommen. Es hat sich gezeigt, dass dieses Programm viel erfolgreicher ist als der klassische Strafvollzug.

Die jüngeren sitzen im Kreis beisammen. Sie sollen laut sagen, was sie gut können und worauf sie stolz sind. Für die meisten eine ziemlich schwere Aufgabe. Sie haben schon in vielerlei Hinsicht ziemlich großen Mist gebaut. Und jetzt bekommen sie für jede positive Bemerkung riesigen Applaus. Das führt zu rührenden Szenen. Die meisten dieser Jungs haben schon eine ganze Weile nichts Positives mehr über sich gedacht oder gehört. Und nun also Applaus. »Es ist das erste Mal, dass jemand etwas Gutes über mich sagt«, sagt der 17-jährige Junge. Er findet dieses Gefühl ziemlich cool, aber auch etwas befremdlich. Wäre das Leben doch nur immer so, denkt er sich wohl.

Was ist der Sinn und Zweck von *Youth at Risk*? Junge Menschen sollen die Erfahrung machen, dass sie fähig sind, aus eigener Verantwortung Entscheidungen zu treffen. Die zugrunde liegende Methode baut auf Vertrauen, Anerkennung, Engagement und Gemeinschaftsgefühl auf. Hierbei wird besonders auf Besinnung und Reflexion Wert gelegt, damit sie das, was sie lernen, auch wirklich in ihre Persönlichkeit integrieren können. Und was kann man als Optimist daraus lernen? Etwa, wenn man einen wirklichen Fehler begangen hat?

Kennen Sie jemanden, der noch nie einen Riesenfehler gemacht hat? Es gibt wohl keinen Menschen auf der Welt, der noch keinen Fehler begangen hat. Die Frage ist jedoch, worin sich diejenigen, die sich ihr Leben davon verderben lassen, von denjenigen unterscheiden, die ihre Missgeschicke überwinden und gestärkt aus ihnen hervorgehen. Jeder Fehler ist eine Chance, um Mut und Charakter zu beweisen. Wer diese Chancen nutzt, gewinnt an Anerkennung bei anderen, vor allem aber bei sich selbst.

Warum begehen Menschen Fehler? Sie sind gestresst, denken nicht gut genug nach, bringen zu wenig Konzentration oder Sorgfalt auf, verschätzen sich, riskieren zu viel … Die Gründe sind vielfältig, aber es fühlt sich nicht besonders gut an, wenn man erkennt, dass man es besser hätte wissen müssen. Zum Glück geht es uns allen so. Wenn Sie bislang noch keinen groben Fehler gemacht haben, können Sie eigentlich fast sicher davon ausgehen, dass es eines Tages so weit sein wird. Worauf es dann ankommt, ist, wie Sie damit umgehen.

Die erste und wichtigste Erkenntnis: Sie müssen die Folgen selbst tragen. Es gibt kein Entkommen. Sie müssen Ihre Angelegenheiten selbst geraderücken, Buße tun oder die Folgen auf sich nehmen. Meist findet man einen Weg, das zu tun. Manchmal auch gezwungenermaßen.

Der nächste Schritt ist für Ihre Zukunft noch entscheidender. Ein Fehler hat nur dann einen Sinn, wenn Sie daraus etwas lernen. Gehen Sie in sich. Wie kam es zu diesem Fehler? Was hat Sie dazu gebracht? Wenn Sie das wissen, können Sie entscheiden, diesen Fehler kein zweites Mal zu begehen. Waren Sie nachlässig, haben Sie zu viel getrunken, dem Gruppenzwang nachgegeben? Tun Sie das nicht noch einmal!

Jetzt können Sie weiter an sich arbeiten. Denken Sie positiv und realistisch. Es kommt darauf an, Ihre Gedanken in eine bestimmte Richtung zu lenken. War der Fehler denn wirklich so verheerend? Ist es vielleicht gar keine so große Katastrophe wie zunächst angenommen? Wahrscheinlich haben einige den Respekt vor Ihnen verloren. Vielleicht schämen Sie sich. Das ist nicht besonders erfreulich, aber auch keine Katastrophe. Wenn Sie Ihre Würde wahren und alles daran setzen, zukünftig vernünftiger zu handeln, wird es Ihnen sicherlich gelingen, sich den Respekt (und Ihre Selbstachtung) zurückzuerobern. Bedenken Sie, dass das jedem einmal passieren kann. Jeder ist sich doch darüber im Klaren, dass Menschen Fehler machen können. Es gibt wahrscheinlich sogar Menschen, die Ihnen helfen wollen. Wer seinen Fehler erkennt und sein Bestes tut, um ihn auszubügeln, kann davon sogar profitieren. Hüten Sie sich jedoch davor, Ihre Fehler zu einer Obsession werden zu lassen, denn das verschlingt nur emotionale Energie. Bleiben Sie auf jeden Fall in anderen Bereichen aktiv und produktiv. Wagen Sie sich, einschneidende Entscheidungen zu treffen (keine Drogen mehr, keinen Alkohol, eine Diät beginnen, die Ärmel hochkrempeln, einen anderen Weg einschlagen, sich ehrenamtlich betätigen …). Auf diese Weise gewinnen Sie Ihren Selbstwert zurück, denn dann können Sie auf das, was Sie tun, wieder stolz sein. Setzen Sie sich nicht mit dem Fehler, den Sie begangen haben, gleich. Bezeichnen Sie sich nicht als *Loser*. Achten Sie darauf, mit welchen Begriffen Sie sich selbst betiteln oder betiteln lassen. Identifizieren Sie sich nicht mit einem negativen Begriff. Es gibt noch genügend positive Seiten an Ihnen. Lassen Sie diese die Oberhand gewinnen. Und bedenken Sie, dass Sie auch diese schwierige

Bezeichnen Sie sich nicht als Loser.

Phase irgendwann hinter sich lassen werden. Nächstes Jahr können Sie wieder stolz auf sich sein. Wenn Sie möchten.

DER BUMERANG AUS WORTEN

Affe und Baum. Dieb und Esel. Diese Wörter und die dazugehörigen Abbildungen hingen als Fries oberhalb der Schultafel in unserer Klasse. Wir hatten zwar noch nie einen Affen gesehen, lernten aber, die Buchstaben mit den Abbildungen zu verknüpfen und somit das Tier und den Begriff »Affe« kennen. Neben dem Wort »Dieb« war ein maskierter Gauner abgebildet, der mit einem Sack voll Beute auf dem Rücken davonlief. Keiner von uns hatte je einen Dieb zu Gesicht bekommen, aber wir lernten, die Buchstaben mit den Abbildungen zu verknüpfen und somit auch den abgebildeten Menschen und den Begriff »Dieb«. Woher sollten wir damals wissen, dass durch Betrug und Wirtschaftskriminalität mehr erbeutet wird als durch die Raubzüge dieser maskierten Gauner? Es dauerte ziemlich lange, bis mir klar wurde, dass auch jene Gauner Diebstahl begehen. In der Klasse hingen außerdem Schaubilder mit Begriffen, die man nicht sofort einordnen konnte. Pfeile mit den Worten »Ost« und »West« zum Beispiel. Bis heute verbinde ich die beiden Begriffe mit meinem alten Klassenzimmer. Ich erinnere mich noch gut daran, wo der Osten lag (hinter meinem Rücken!) und ich dachte immer, wenn sich meine Schulbank drehen würde, würde sich auch der Begriff mitdrehen. Warum haben mir die Lehrer und Lehrerinnen zwar die Worte beigebracht, nicht aber die fundamentale Erkenntnis: »Worte beschreiben keine Wirklichkeit, sie schaffen eine Wirklichkeit.« Es gibt Eltern, die kaufen ihren Kindern T-Shirts mit Slogans wie »Was guckst Du? Gehört das T-Shirt vielleicht Dir?« oder »Future Porn Star«. Unschuldige Scherze von Leuten, die es eigentlich besser wissen müssten, oder?

Vergleichen Sie einmal kurz die folgenden Sätze: »Osama Bin Laden hielt sich mit seinen Freunden in einem Landhaus auf« und »Osama Bin Laden hielt sich mit seinen Handlangern in einem Unterschlupf versteckt«. Beide Sätze sind sowohl grammatikalisch als auch inhaltlich korrekt, dennoch zeichnen sie ein völlig anderes Bild von der Wirklichkeit. Ebenso wie Optimismus und Pessimismus. Als die Statistik über »Das Glück der Belgier« publiziert wurde, titelte eine Zeitung aufgrund der Zahlen: »Belgier werden immer unglücklicher«, eine andere hingegen: »Belgier endlich wieder glücklich«. Beide Schlagzeilen entsprachen der Wahrheit. Die eine Zeitung betrachtete die Entwicklung der vergangenen dreißig Jahre, die andere bezog sich nur auf die letzten sieben Jahre. Aber die Headline bestimmt den Ton, und wer den Artikel weiterliest, tut dies unter dem Eindruck der Schlagzeile. Sprache beschreibt keine Wirklichkeit, sie erschafft sie.

Wer negative Wörter verwendet, kreiert eine negative Wirklichkeit. Wenn Jungs den starken Mann markieren und meinen, alle Mädchen seien »Bitches« und »Schlampen«, verhalten sie sich auch dementsprechend. Wer das Wort »Politiker« immer im Zusammenhang mit »Korruption« hört, wird von Politikern ein anderes Bild haben als jemand, der den Begriff mit »Verantwortungsbewusstsein« in Verbindung bringt. Wir haben selbst die Wahl, ob wir statt negativer Ausdrücke (Shit! Fuck!) nicht lieber positive Ausdrücke verwenden wollen. Nicht um die Realität zu verschleiern, sondern um unseren Blick auf die Wirklichkeit in eine positive Richtung zu lenken. Wir haben ja zum Beispiel auch die Wahl, ob wir unsere Wohnung mit Gerümpel vollstellen oder mit frischen Blumen dekorieren. Schließlich fotografieren wir im Urlaub ja auch nicht die Mülleimer, sondern nur die schönsten Ecken einer Stadt.

Worte sind wie Waffen. Wahrscheinlich sind Sie schon hunderte Male durch Worte verletzt worden, aber wohl kaum durch Schuss- oder Stichwaffen. Worte können starke Gefühle in uns auslösen: Wut, Schmerz, Frustration und Erniedrigung. Man kennt das alles. Man kann ihre Kraft und Wirkung aber ebenso gut dafür einsetzen, das Positive in uns und unseren Mitmenschen zu stimulieren. Setzen Sie auf: Liebe, Freude, Erleichterung, Hoffnung und Durchhaltevermögen. **Betrachten Sie Worte ruhig als Bumerang: Was Sie von sich geben, kommt irgendwann zu Ihnen zurück.** Sagen Sie, dass Sie etwas nicht können, verstärken Sie dieses Unvermögen damit noch. Sagen Sie, dass Sie etwas ausprobieren möchten, wird es bei diesem Versuch bleiben. Sagen Sie jedoch, dass Sie etwas »tun werden«, gehen Sie die Verpflichtung ein, es auch tatsächlich auszuführen und es nicht nur zu versuchen. Mit den Worten, die Sie wählen, schaffen Sie sich Ihre Wirklichkeit. Wer sein Selbstwertgefühl und Selbstvertrauen stärken und mit einer positiven Einstellung im Leben stehen möchte, sollte möglichst bald damit anfangen, seinen Sprachgebrauch zu ändern. Sagen Sie nicht »Ich werde es versuchen«, sondern »Ich tu's«, nicht »Das ist ein Problem«, sondern lieber »Was für eine Herausforderung«, »Ich weiß es nicht« wird zu »Ich bringe das in Erfahrung«, und »Was für ein Fehlschlag!« zu »Wieder etwas gelernt!«

Das Unterbewusstsein spielt uns merkwürdig Streiche. Es will uns einfach nicht gehorchen, wenn wir es auffordern: »jetzt nicht an ein Nashorn denken!«, wird das Bild eines Nashorns alle anderen Vorstellungen verdrängen. Auf der Teenager-Website unserer pädagogischen Zeitschrift »Klasse« hatten wir einen auffällig roten Button mit dem Hinweis »Bitte nicht anklicken!« platziert. Natürlich war es der am meisten angeklickte Link der ganzen Seite. Aber wäre das auch so gewesen, wenn der Hinweis »Hier anklicken« gelautet hätte? Die jungen Besucher, die den Button anklickten, bekamen erst einmal einen großen Schrecken, als eine gruselige Fratze auftauchte und sie anschrie. Danach folgen Tipps zum sicheren Umgang mit dem Internet. Regel 1: Denke nach, bevor du irgendetwas anklickst. Negative Hinweise bewirken meist das Gegenteil. Türen, durch die man nicht gehen darf, Rasen, den man nicht betreten darf, Bilder, die man sich nicht ansehen darf ... Verbotenes zieht unsere Aufmerksamkeit sofort auf sich.

Wer sich die ganze Zeit mit negativen Formulierungen bombardiert, wird irgendwann genau das tun, was er vermeiden möchte. Unser Unterbewusstsein schenkt den Begriffen »nicht« und »kein« keine Beachtung. Sagen Sie also nicht »Ich esse keine Schokolade mehr«, sondern »Ich esse nur noch Obst«. Und wiederholen Sie dies zehnmal am Tag. **Positive Verstärkungen steuern unser Gehirn auf unbewusste Weise und wirken sich durchaus auch auf unser Selbstbild und unser Handeln aus.** Sagt man sich andauernd, man sei dick und dumm, wird man das irgendwann auch glauben, sich ständig bestätigt sehen und dementsprechend handeln. Sagt man zu sich, dass man »nicht dick und nicht dumm« sei, kommt ungefähr das Gleiche dabei heraus. Erst, wenn es einem gelingt, immerzu zu wiederholen »Ich bin schlank und klug«, wird man einen positiven Effekt dieser Worte auf sein Selbstvertrauen spüren und sich auch selbstbewusster verhalten. Wer sich selbst als Versager und Nichtsnutz bezeichnet, dem wird es nicht gelingen, auch nur die kleinste Aufgabe zufriedenstellend zu erledigen, er wird seine Gedanken ständig bewahrheitet sehen und schnell in einer Negativspirale gefangen sein (»Ich habe es doch gewusst!«). Diese Spiralkraft lässt sich allerdings auch positiv einsetzen. Nennen Sie sich ruhig tapfer und stark, mutig und witzig. Einige Experten raten dazu, positive Äußerungen möglichst oft am Tag zu wiederholen (»Ich bin ganz ruhig. Ich habe mein Leben unter Kontrolle. Ich bin von Liebe umgeben« ...). Solche Mantras beeinflussen unser Leben positiv. Genau wie negative Mantras in umgekehrter Richtung. Formulieren Sie Ihre positiven Sätze bitte immer im Präsens und nicht im Futur. Sagen Sie also nicht »Ich werde glücklich sein«, sondern »Ich bin glücklich«. Ermutigen Sie auch andere auf diese Weise. Sagen Sie ihnen, wie hübsch, musikalisch,

Worte beschreiben keine Wirklichkeit, sie erschaffen sie.

sportlich, intelligent, sozial … Sie sie finden, und sie werden über sich hinauswachsen. Es geht allerdings nicht darum, sich eine falsche Welt vorzugaukeln und unerreichbaren Idealen hinterherzulaufen. Wir haben schlicht und einfach die Wahl, ob wir positiv oder negativ auf dieselbe Wirklichkeit schauen, und unsere Wortwahl ist dabei ein gutes Hilfsmittel. Worte beschreiben keine Wirklichkeit, sie erschaffen sie. Heute geht es mir gut und morgen noch besser.

ROTE UND GRÜNE KNÖPFE

Wer sich selbst als Optimisten bezeichnet, muss sich dafür viel häufiger rechtfertigen als ein Realist, ein Pessimist oder ein Zyniker. Wenn Journalisten mich interviewen, spüre ich oft, wie mitleidig sie mich ansehen und dabei gewiss denken: »Was ist bei dir nur schiefgelaufen? Wann hast du bloß diesen Knacks abbekommen?« Optimismus ist etwas für Waschlappen, für durchgeknallte Typen, die mit dem Kopf in den Wolken leben und die Realität nicht sehen wollen. Aber warum eigentlich müssen die Miesepeter, die unsere Zeitungen und Nachrichtensendungen mit Negativschlagzeilen füllen, sich nie rechtfertigen? Warum nimmt man Brummbären eher ernst als lächelnde Menschen? Weshalb neigen wir dazu, bei Diskussionen negativen Argumenten mehr Gewicht beizulegen als positiven?

In der Fernsehsendung »De Laatste Show« (Die letzte Show) sitze ich neben einem Stand-up-Comedian, der meinen Worten über Optimismus stirnrunzelnd zuhört. »Ich bin weder Optimist noch Pessimist. Ich bin Zyniker«, sagt er. Worauf ich antworte: »Das ist wirklich schön für Sie, doch schlecht für die Gesellschaft.« Allein die Körpersprache eines Zynikers sagt doch aus: Sehen Sie her. Ich bin klug und intelligent. Ich kann in dreißig Sekunden alles, was Feuer und Leidenschaft in Ihnen weckt, im Keim ersticken. **Zynismus ist die einfachste Lebenshaltung, die es gibt**. So lange ein Schauspieler seinen Zynismus nur auf der Bühne auslebt, kann man sich darüber amüsieren. Doch möchte ich nicht all die Menschen zählen, die Opfer eines zynischen Partners, Chefs oder Kollegen geworden sind.

In Köln spreche ich mit *Volker Schad*. Er ist nicht nur der Vorstandsvorsitzende der deutschen Sektion des Optimistenbunds, einer weltweiten Organisation von Optimisten, er ist auch erfolgreicher Unternehmensberater. Eine seiner Methoden besteht darin, in Unternehmen die positiv denkenden Mitarbeiter (die grünen Knöpfe) mit anderen positiven Mitarbeitern zusammenzubringen. Die negativ eingestellten Kollegen (die roten Knöpfe) versucht er auf diese Weise zu isolieren und ihnen weniger Entscheidungsspielraum zu überlassen. Dafür verschafft er sich erst einmal einen Überblick über alle Mitarbeiter und deren Beziehungen zueinander. Manchmal kommt eine (positive) Direktionssekretärin nämlich nicht mit einem (positiven) Buchhalter in Kontakt, weil sie immer über ein (negatives) Zwischenglied miteinander kommunizieren müssen. Wenn diese positiven Verbindungen jedoch ermöglicht und die negativen Schleusen gleichzeitig geschlossen oder zumindest minimiert werden, kann das einem Betrieb oder einem Verband mitunter einen enormen Schub verleihen. Ich frage Volker Schad, wie er den Leuten ansehen kann, ob sie ein grüner oder roter Knopf innerhalb des Unternehmens sind. »Das ist ganz einfach«, sagt er. »Sie brauchen mit jemandem nur zehn Minuten über seine Arbeit, die Kollegen und die Firma zu sprechen, schon wissen Sie es. Ich achte dabei auf drei wichtige Punkte: Spricht er aus der »Ich«- oder aus der »Wir«-Perspektive? Redet er vor allem über die Zukunft oder eher über Vergangenes? Und kommt er mit Problemen an oder mit Lösungsvorschlägen? So erkennt man, ob jemand ein Optimist oder ein Pessimist ist. Pessimisten reden über sich, über ihre Probleme und die Vergangenheit. Optimisten richten ihre Aufmerksamkeit auf die Zusammenarbeit, auf Lösungsansätze und die Zukunft.«

Wenn ich zehn Minuten mit jemandem spreche, weiß ich ob er ein Optimist oder ein Pessimist ist.

Es lohnt sich, einmal für sich herauszufinden, ob man zu der grünen oder der roten Gruppe zählt und in welche Gruppe die Kollegen einzuordnen sind. Verschaffen Sie sich einen Überblick über die Optimisten und die Pessimisten in Ihrem Umfeld und versuchen Sie sich gegenseitig dazu zu ermutigen, die positiven Kräfte auch tatsächlich einzusetzen. Aber übertreiben Sie es nicht gleich mit dem Optimismus, das bringt nur Ärger. Die 3-1-Regel liefert immer die besten Resultate: Jede negative Aussage muss mit drei positiven einhergehen. *No more, no less.* Auf keinen Fall umgekehrt! Aber alle vier Elemente sollten ehrlich und wahrhaftig gemeint sein. Wahrscheinlich können drei grüne Knöpfe mit einem roten leben. Umgekehrt wird es aber sehr schwierig – zumindest wenn man die Dinge positiv betrachten möchte.

UPS-AND-DOWNS

»Ich war noch nie im Leben so glücklich!« Sie errötet und nimmt seine Hand. Sonnenuntergang. Geigenklänge. Gleich rollt der Abspann über die Leinwand. Solche Szenen aus Werbespots und schnulzigen Filmen

Um Glück zu messen, sollte man besser ein Fieberthermometer verwenden als einen Barometer.

geben uns im Allgemeinen das Gefühl, dass unsere Glücksskala nur hohe Gipfel und tiefe Täler kennt. Aber stimmt das denn? Und wie sollte man die Ups-and-Downs am besten messen: mit einem Fieberthermometer oder mit einem Barometer (von stürmisch bis windstill)?

Diese Frage stelle ich Robert Cummins, den ich auf dem Weltkongress über Lebensqualität in Bangkok treffe. Cummins lehrt in Australien Psychologie und wurde für seine Glücksforschungen zum »Expert of International Standing in Quality of Life Research« erklärt. In Australien misst er schon seit Jahren regelmäßig die Glückswerte von zweitausend zufällig ausgewählten Menschen. Das Auffälligste an der Statistik, die aus diesen Studien hervorgegangen ist, besteht darin, dass in all den Jahren die durchschnittliche Glücksquote der australischen Bevölkerung nahezu gleich geblieben ist. Die Schwankung betrug maximal drei Prozent. Auf ähnliche Ergebnisse stößt man auch in anderen Ländern. Wie kann das sein? »Wir nehmen an, dass unser Glück von einem Steuerungssystem kontrolliert wird, der so genannten ›Selbstregulation des subjektiven Wohlbefindens‹«, sagt Cummins. »So wie wir eine beständige Körpertemperatur haben, haben wir auch eine mehr oder weniger beständige Glückstemperatur. Wenn man Fieber hat, ändert sich die Körpertemperatur, doch meist pendelt sie sich wieder auf die normalen Temperaturwerte ein. Unsere Glückstemperatur bleibt innerhalb einer recht engen Bandbreite nahezu konstant. Darüber, wie groß die Bandbreite ist, wird viel diskutiert. Meine Schätzungen liegen bei höchstens zwölf Prozent, sechs Prozent beiderseits eines Sollwertes. Das Glück lässt sich besser mit einem Fieberthermometer messen als mit einem Barometer. Unser Glückssystem ist belastbar. Wenn ungewöhnlich gute oder schlechte Erfahrungen stattfinden, wird das System kurzfristig ausgeschaltet, aber dann springt es zurück und stellt Glück in normalem Umfang wieder her. Allerdings hat jedes System auch seine Grenzen. Wenn die negativen Erfahrungen zu stark werden und zu lange andauern, sind die Elastizitätsgrenzen des Systems erreicht. Es kann sich nicht mehr erholen. Dann liegt der Glückswert dauerhaft unterhalb eines normalen Wertebereichs, mit einem darauf folgenden hohen Risiko für Depressionen.«

Wenn wir mit einer Art Fieberthermometer unser Glück im Auge behalten können, gelingt es uns dann auch, weniger oft Fieber zu bekommen? Mit anderen Worten: Können wir unsere »selbstregulierende Abwehrkraft« vergrößern? Cummins meint: »Eine emotionale, innige Partnerschaft ist die mächtigste Abwehr. Eine vertrauensvolle Freund-

schaft kann helfen, mit negativen Herausforderungen fertig zu werden. Außerdem steht bei schlechten Erfahrungen eine vertraute Person zur Verfügung, um das Problem zu besprechen; das ist ein uraltes wirksames Heilmittel gegen den Verlust des Lebensglücks. Eine weitere Verteidigungsressource sind unsere Denkprozesse, mit denen wir schlimme Vorfälle beispielsweise verharmlosen können. Sie sind gefeuert worden? Bald werden Sie sich selbst überzeugen, dass es ein miserabler chancenloser Job war und dass Sie froh sein können, ihn los zu sein. Derartige ›kognitive Umstrukturierungen‹ befähigen uns, eine Situation zu unserem eigenen Vorteil vernünftig zu begründen und uns wieder im normalen Ausmaß positiv zu fühlen. Auf diese Weise sagen uns unsere Gene, dass wir ganz in Ordnung sind.«

In Seifenopern und Werbespots ist das Glück meistens ein Gefühl, das flüchtig und vergänglich ist, wie etwa der Duft dampfenden Kaffees oder ein Sonnenuntergang. Wahres Glück ist aber ein tief verwurzelter, dauerhafter Gemütszustand, der eigentlich nie sehr stark schwankt. Auch nicht, wenn wir mal kurz den Kontakt zu ihm verlieren. Ich finde, das ist ein beruhigender Gedanke. Für jemanden, der glücklich ist jedenfalls.

4. **INTERACT** – OPTIMISTEN INTERAGIEREN MIT ANDEREN

Wir sind soziale Wesen. Wir leben und wachsen im Kontakt mit anderen. Optimisten sind sich dessen deutlich bewusst und nutzen ihre eigene Kraft und die anderer, um gemeinsam voranzukommen: **Eins und eins ist drei**. Wir leben in sozialen Systemen (in der Familie, der Schule, der Nachbarschaft, am Arbeitsplatz). Jede Veränderung dieser Systeme beeinflusst das Ganze und die einzelnen Teile. Wenn ein Familienmitglied krank ist, wirkt sich sein Zustand auf die ganze Familie und auf jedes einzelne Familienmitglied aus. Wenn ein Familienmitglied stirbt, passt sich das System an die neue Situation an und jeder Einzelne verarbeitet seinen Tod auf seine eigene Weise. So funktionieren alle Systeme, denen wir angehören. Und das sind ziemlich viele. Alles ist ständig in Bewegung. Jeder übt – bewusst und (vor allem) unbewusst – Einfluss aus und wird von anderen beeinflusst. Positiv wie negativ.

Interaktion: ist nicht gleich Kommunikation. Bei Interaktionen geht es um Wechselwirkungen und gegenseitige Beeinflussung. **Wir verändern einander und bestärken uns in unserem Sein**. Durch das Aufkommen der neuen Medien ist der Begriff »interaktiv« mehr denn je ins Zentrum des Interesses gerückt. Millionen von Menschen haben schon einen Schritt in virtuelle Welten wie *Second Life* gewagt. Wer nicht bei Facebook ist, existiert eigentlich gar nicht mehr. Wir nehmen mit leichter Hand andere Identitäten an und verschanzen uns hinter »Avatars« und Profilen. Das kann man bestenfalls als eine Übung für das reale Leben ansehen. Denn nach all den Games, Klicks und Chats stehen wieder reale Menschen vor der Tür. Was in *Second Life* »IM« oder »Immediate message« heißt, ist im *Real Life* einfach ein Gespräch. Und ein Gespräch zu führen, kann ziemlich schwierig sein. Dabei geht es nicht nur um Worte, sondern um unseren ganzen Körper, unser Dasein, unsere Sprache und Beziehungen und unsere Kultur.

Was wir wissen, fühlen und wollen, lernen wir aus sozialen Interaktionen – aus unseren Experimenten mit anderen. **Die wesentlichen Eigenschaften unserer Persönlichkeit, Beziehungen und Organisationen werden in Interaktionen mit anderen geformt**. Allerdings machen hierbei unsere sozialen Kompetenzen den Unterschied. Ob sich eine Meinungsverschiedenheit zu einem Konflikt entwickelt, ob wir uns von anderen anerkannt oder ausgeschlossen fühlen, entscheidet darüber, wer wir sind und wer wir werden. Das Leben ist Interaktion. Optimisten grenzen sich nicht aus, sondern treten bewusst mit anderen in Interaktion: Sie hören zu, sprechen, fühlen und empfinden. Dadurch bewirken sie bei sich selbst, bei anderen und ihrem Umfeld

Veränderungen, die zu einem angenehmeren, besseren und sinnvolleren Leben führen.

DER SOZIALE ZIRKEL

Die beste Methode, seinen Optimismus zu steigern, besteht darin, sich mit anderen Optimisten zu umgeben. Es ist nicht schwer, mit ihnen in Kontakt zu treten. Optimisten haben eine offene Art und sind an ihren Mitmenschen interessiert. Sie integrieren andere rasch in ihren Freundeskreis, verabreden sich gerne und beteiligen sich oft an gemeinsamen Aktivitäten. Sie werden sehen, wie schnell Sie diese Gewohnheiten und Reaktionsweisen übernehmen. Das gilt übrigens auch für den Umgang mit Zynikern und Pessimisten, dann allerdings in umgekehrter Richtung. Sie haben die Wahl. Menschen, die sich anderen verbunden fühlen, sind offensichtlich positiver eingestellt und glücklicher.

Nicht jeder hat gelernt, neue Freunde zu finden. **In jeder Schulklasse gibt es mindestens einen Schüler, der in seiner eigenen Klasse keinen einzigen Freund hat.** Es ist erstaunlich, wie viele junge Menschen sich außerhalb der Schulzeit selten oder nie mit Freunden verabreden. Trotz Facebook und Co. sagt jeder vierte Amerikaner, er habe keine einzige Vertrauensperson. In professionellen Trainings lernen jugendliche Gruppenbetreuer, wie man erfolgreich Freundschaften schließt: Man fragt regelmäßig, wie es dem anderen geht, geht auf ihn ein, hört ihm aufrichtig zu, ohne gleich von sich zu erzählen, hilft ihm, ist spontan für ihn da, hat kleine Aufmerksamkeiten oder ein Schulterklopfen für ihn bereit, ist ihm gegenüber offen usw. Diese Verhaltensweisen können wir alle einsetzen, um neue Freundschaften zu schließen und alte Freundschaften zu bewahren. Hüten Sie sich dabei vor »Schönwetterfreunden« (die nur für Sie da sind, wenn es keine Probleme gibt), pflegen Sie »Allwetterfreunde« (die immer für Sie da sind). Wer 365 Freunde bei Facebook hat, kann versuchsweise einmal einen Beitrag mit der Frage ins Netz stellen, wer nächstes Wochenende beim Umzug helfen könnte. Na, wären Sie nicht auch neugierig auf die Anzahl der Reaktionen?

Bekannte sind etwas anderes als Freunde. Wer mit uns im gleichen Projekt arbeitet oder Mitglied im gleichen Verein ist, ist sicherlich ein Bekannter, aber längst noch kein Freund. Sobald das gemeinsame Ziel oder die gemeinsame Vereinsmitgliedschaft nicht mehr besteht, bleibt oft nur noch wenig Verbindendes. Das gleiche gilt für Menschen, die (innerhalb der Familie oder am Arbeitsplatz) lediglich ein gemeinsames Feindbild miteinander verbindet. Zwischen ihnen besteht wohl ein

Band, aber ihre Beziehung ist gewiss nicht als Freundschaft zu bezeichnen. Freunde sind Menschen, die eine angenehme Beziehung zueinander haben, die auf Kameradschaft, ihren persönlichen Eigenarten und gegenseitigem Vertrauen beruht. Wir leben in einer Zeit, die gegenüber früher viel mehr Möglichkeiten bietet, Freundschaften aufzubauen. Zum ersten Mal ist das auch über die Grenzen von Alter, Geschlecht, Religion und Nationalität hinweg ziemlich leicht möglich. Vergleichen Sie die heutige Situation einmal mit der unserer Eltern und Großeltern. Warum sollten wir diese Chance nicht mit beiden Händen ergreifen? Und warum dabei nicht die neuen Medien als Sprungbrett zu neuen und besseren Beziehungen nutzen, statt bloß als Ersatz für reale Beziehungen?

Viele klagen über **den großen sozialen Druck**, den ihre Freunde auf sie ausüben. Sie fühlen sich eingeengt, sie wagen es nicht, Vorschläge abzulehnen, sie haben das Gefühl, sich selbst zurücknehmen zu müssen, um die Freundschaft nicht zu gefährden, und sie haben den Eindruck, in erster Linie zuhören zu müssen und selbst wenig zum Zuge zu kommen. Es ist zu hoffen, dass man in einer solchen Situation die richtigen Worte und Signale findet, um seine Gefühle zu zeigen und eine solche unausgewogene und einschränkende Beziehung in eine andere Richtung zu lenken oder auch zu beenden.

Wie vielen Freunden kann man gerecht werden? Manche Menschen sagen: nicht mehr als fünf. Einigen genügt ein guter Freund, anderen gelingt es, in mehreren Biotopen gute Kontakte mit vielen Freunden zu pflegen. Das sollte jeder selbst entscheiden. Manchmal sind so genannte Freundschaften auch besonders aufreibend und anspruchsvoll. Die Zahl der Freunde ist gewiss nicht unwichtig. Je unterschiedlicher sie sind, desto besser. Sich ganz auf eine einzige Beziehung zu stützen, birgt immer auch ein Risiko in sich. Wie dem auch sei, wichtiger als ihre Anzahl ist sicherlich die Qualität der Beziehungen. Es ist besser, ein Freund zu sein, als einen Freund zu haben. Vertrauen und Freundschaft bilden die Grundlage für den größten Teil unseres Glücksempfindens. Unser Optimismus wächst in den sozialen Zirkeln, die wir um uns herum aufbauen und in denen Bekannte, Kameraden und Freunde in jeder Form eine entscheidende Rolle spielen.

Es ist besser, ein Freund zu sein, als einen Freund zu haben.

BEZIEHUNGSSCHRITTE

Die Qualität unserer Beziehungen ist entscheidend für unser Glück. Aber wie funktionieren diese Beziehungen genau? »Ich weiß, dass ich mehr unter Leute gehen sollte«, sagte eine Frau zu mir. »Darum bin ich Mitglied in einem Wanderverein geworden. Alleine zu wandern, macht mir keinen Spaß. Daher dachte ich, eine Wandergruppe sei eine gute Gelegenheit, mit anderen in Kontakt zu kommen. Allerdings läuft es nun trotzdem darauf hinaus, dass ich alleine wandere. Ich spreche zwar andere an, aber offenbar hat niemand das Bedürfnis, dauerhaft Kontakt zu mir zu halten. Bei jedem Ausflug muss ich wieder von vorn beginnen.« Das findet sie unangenehm.

Wenn man Gesprächen in Straßencafés lauscht, fragt man sich manchmal, was diese Leute, die viel Zeit miteinander verbringen, eigentlich verbindet? Manchmal starren sie nur vor sich hin oder tauschen Allgemeinplätze über das Wetter oder den Kaffee aus. Einige sind sehr persönlich, andere verhalten sich sehr distanziert oder auch lautstark. Wie Beziehungen funktionieren, lässt sich nur schwer erfassen. Sie sind das Lieblingsthema von Klatsch und Tratsch, Seifenopern und bunten Illustrierten. Und zugleich ein Kampf, den viele täglich führen, immer verzweifelt auf der Suche nach einem verständnisvollem Blick, einem herzlichen Händedruck oder ein bisschen Liebe, ständig konfrontiert mit ihrer Schönheit, ihrer Unerreichbarkeit oder ihrer Zerbrechlichkeit. Ob es sich um Beziehungen zu Verwandten, Geliebten, Kollegen, Nachbarn, Freunden oder auch zu Freunden von Freunden handelt, jede Beziehung ist einzigartig. Dennoch lassen sich generelle Gemeinsamkeiten erkennen. Das Modell, das die Forscher *Mark Knapp* und *Anita Vangelisti* zu Beginn des 21. Jahrhunderts entwickelt haben, hat innerhalb der interpersonalen Psychologie allgemeine Anerkennung erlangt. Beziehungen folgen offenbar allgemeinen Mustern und Gesetzmäßigkeiten. Die beiden Wissenschaftler machen keine Aussagen dazu, wie Beziehungen verlaufen sollten, um erfolgreich zu sein, sie zeigen einfach auf, wie sich Beziehungen in der Regel entwickeln. Das ist etwas anderes. Beziehungen können sich in zwei Richtungen entwickeln: zu mehr Nähe oder zu größerer Distanz. In jeder Richtung lassen sich fünf Schritte unterscheiden. Auch wenn diese Schritte womöglich unterschiedlich viel Zeit beanspruchen und manchmal auch ein Schritt übersprungen werden kann, ist dieses Modell doch sehr praktisch, um die Entwicklung von Beziehungen zu verstehen. Es trifft auf Freundschaften ebenso wie auf romantische Liebesbeziehungen zu.

Die fünf Schritte, mit denen wir aufeinander zugehen, heißen: *initiating, experimenting, intensifying, integrating, bonding* – Initiative ergreifen, experimentieren, vertiefen, integrieren, und sich (aneinander) binden.

Die fünf Schritte, mit denen wir uns voneinander entfernen, heißen: *differentiating, circumscribing, stagnating, avoiding, terminating* – sich unterscheiden, einschränken, stagnieren, vermeiden, beenden.

IN FÜNF SCHRITTEN AUFEINANDER ZUGEHEN

1. Die Initiative ergreifen: Die erste Begegnung ergibt sich meistens zufällig: in der Klasse, auf einem Fest, am neuen Arbeitsplatz oder in der Nachbarschaft … Bei solchen Begegnungen folgen wir einem persönlichen Script, das wir uns selbst angeeignet haben. Einige warten bescheiden ab, andere gehen offen auf andere zu. Unser Skript beruht auf unseren eigenen erfolgreichen Erfahrungen, darauf, was zu unserem Charakter passt und was wir uns von anderen abgeschaut haben. Es kann ein höfliches Nicken, ein Kuss, ein Händedruck, ein Augenaufschlag oder eine Berührung sein. Der erste Eindruck ist für die weitere Beziehung ganz entscheidend. Ihn später zu revidieren, ist sehr schwierig. Hierbei haben unsere Worte eine viel geringere Wirkung als unser Tonfall oder unsere Körpersprache. Innerhalb weniger Sekunden haben wir uns schon ein Bild voneinander gemacht, das auf sehr vielfältigen unbewussten Signalen und Eindrücken beruht. Mag ich dich, mag ich dich nicht, oder lässt du mich kalt?
2. Experimentieren: Welche Hobbys hast du? Ich auch, was für ein Zufall! Wir kennen einander noch nicht, aber wir beschnuppern uns. Es geht um unverfängliche Themen und oberflächliche Fakten. Das Schmiermittel heißt Small Talk. Knapp und Vangelisti nennen diese Phase »ein Vorsprechen für eine Freundschaft«. Wir suchen nach Gemeinsamkeiten und Themen, bei denen wir uns wohlfühlen. Bei Facebook nennt man das »ein Profil«, das eigene Profil kann mit dem eines anderen »matchen« oder auch nicht. So identifizieren wir Bereiche, in denen wir übereinstimmen und auf denen wir später vielleicht eine Beziehung aufbauen können. Es ist aber auch gut möglich, dass die Beziehung in dieser Phase schon ihr Ende findet, wenn man bei sich denkt: »Ich finde dich zwar sehr nett, aber eigentlich haben wir wenig oder gar nichts gemeinsam.«
3. Vertiefen: Nun kann es sich sehr schnell entwickeln. Wir erweitern und vertiefen die Informationen, die wir austauschen. Wir reden nicht mehr übers Wetter. Wir zeigen etwas von uns selbst. Wir

machen Insider-Jokes, Witze, die nur die Beteiligten verstehen. Wir reden häufiger von »wir« als von »ich«. Alles wird persönlicher. Dadurch machen wir uns auch angreifbarer. Schließlich riskieren wir damit, dass uns der andere verurteilt oder zurückweist. Wir versuchen, den Charakter der Beziehung zu interpretieren. Wer hierbei zu forsch vorgeht, gefährdet die Beziehung. Denn was für den einen eine normale Freundschaft ist, kann sich für den Anderen zu einer romantischen Liebesbeziehung entwickelt haben.

4. Integrieren: Wir mailen uns nicht nur einmal die Woche, sondern chatten jeden Tag miteinander. Wir werden gegenseitig Teil unseres Alltags. Andere nehmen das wahr, aber das stört uns nicht. Wir beginnen unsere Freunde und Netzwerke zu teilen. Wir genießen es, uns an gute Begegnungen, Erlebnisse und Gespräche zu erinnern. Wir besuchen einander, teilen gern unsere Erfahrungen miteinander und werden uns bewusst, dass wir einander vermissen. Die Beziehung wird selbst zum Thema unseres Gesprächs.
5. Sich (aneinander) binden: Nicht jede Beziehung erhält eine formale Bestätigung. Sie ist der letzte Schritt. Indianer und altgermanische Kulturen besiegelten tiefe Freundschaften mit Blutsbrüderschaften: Um sich mit Menschen, mit denen sie nicht verwandt waren, zu verbinden, mischten sie ihr Blut miteinander. Bei der Mafia und Geheimbünden findet man solche Rituale noch immer. Manchmal zerreißen Freunde als Symbol der Freundschaft auch einen Geldschein, von dem anschließend jeder die Hälfte aufbewahrt. Zu diesem Bindungsschritt gehört nun einmal ein Ritual oder eine formaler Akt. Das kann bis hin zu einer Verlobung, zum Zusammenziehen oder zu einer Heirat führen. Auch wenn manche die Formel »Bis dass der Tod uns scheide« durch den Satz »Bis dass der Richter uns scheide« ersetzen.

SICH IN FÜNF SCHRITTEN VONEINANDER ENTFERNEN

1. Sich unterscheiden: Wie gehen wir langsam wieder auf Distanz zueinander? Wir orientieren uns nicht mehr an den Gemeinsamkeiten, sondern an den Unterschieden. Wir sehen eher, was uns trennt, als was uns verbindet. Hatten wir früher den gleichen Fußballverein oder unsere Lieblingsmusik als Gesprächsthemen, sind es nun unsere unterschiedlichen Interessen. Vielleicht haben wir uns tatsächlich verändert, vielleicht aber auch nur unsere Perspektive. Die Unzufriedenheit über die Beziehung wächst und wir gehen zunehmend auf Abstand. Der andere erscheint uns nicht mehr so interessant und einzigartig. Hin und wieder streiten wir uns auch.

2. Einschränken: Wir sprechen heikle Fragen nicht mehr an, wir umkreisen sie. Wir beschränken uns auf sichere Themen und Bereiche. Die Gespräche haben weniger Tiefgang. Wir vermeiden Kontroversen. Hier liegt der Anfang vom Ende der Beziehung. Wir sprechen immer weniger über unsere Gefühle. Für die Außenwelt wirkt die Beziehung jedoch intakt.
3. Stagnieren: Es hat keinen Sinn mehr, über die Beziehung zu sprechen. Wir bemühen uns auch gar nicht mehr darum. Wir haben uns nur noch wenig zu sagen und Diskussionen sind zwecklos. Es bewegt sich nichts mehr.
4. Vermeiden: Wir gehen einander aus dem Weg. Entweder geht jeder freundlich seiner Wege, oder man macht deutlich, dass man einander nicht mehr sehen will.
5. Beenden: Es geht nicht mehr um »wir«, sondern um »ich«. Wir verlassen die Beziehung, sowohl physisch als auch psychisch. Manchmal stehen die Koffer schon bereit und es geht schnell. Der letzte Schritt kann sich aber auch über Jahre hinziehen, wenn zum Beispiel einer zur Trennung bereit ist, der andere aber nicht.

Wenn beide Beteiligten dazu bereit sind, den nächsten Schritt in die eine oder die andere Richtung gemeinsam zu wagen, verläuft die Entwicklung schneller als bei unterschiedlicher Schrittgeschwindigkeit. Natürlich gibt es Ausnahmen. Aber in einer Zeit, in der zwischenmenschliche Beziehungen so wichtig geworden sind, ist es gut zu wissen, wie Beziehungen funktionieren, um besser damit umgehen zu können. Die Einsicht in Entwicklungsschritte und Beziehungsmuster hilft uns dabei, selbst und andere besser zu verstehen und sowohl Erfolge als auch Misserfolge in einen größeren Zusammenhang einordnen zu können.

Optimisten gehen davon aus, nicht alles dem Zufall überlassen zu müssen, sondern selbst aktiv werden zu können. Das schließt ein, dass man auf andere zugeht und eine Beziehung zu ihnen aufbaut, in der sich alle wohlfühlen, aber auch dass man sich mit Anstand trennt, wenn die Beziehung für einen oder mehrere Beteiligte nicht mehr befriedigend ist. Manchmal muss man dafür in bestimmten Beziehungsphasen auch das Tempo drosseln oder gewisse Grenzen ziehen. Das Wissen um die in beide Richtungen möglichen Beziehungsschritte geben einem Optimisten zusätzliche Trümpfe in die Hand, seine eigene Beziehung oder die anderer positiv zu beeinflussen. Pessimisten überlassen sich hingegen dem absehbaren Gang der Dinge und verpassen so die Chance, korrigierend einzugreifen, wenn sie selbst oder andere Nähe suchen oder auf Distanz gehen wollen.

EIN GUTES GESPRÄCH

Da steht man nun wieder. Das Gespräch hat ungewollt zu einem Streit geführt. Oder unser Gesprächspartner hat gar nicht gehört, was wir sagen wollten. Wie baut man ein positives Gespräch auf? Da Menschen dazu neigen, die Emotionen ihres Gegenübers zu spiegeln, sollte man am besten positiv beginnen. Wenn Sie mit einem Angriff oder einem Vorwurf einsetzen, erhalten Sie garantiert eine ähnliche Erwiderung. Konzentrieren Sie sich auf das Thema und auf ihren Gesprächspartner (nicht auf ihre eigene Wut oder ihren Ärger). Wir unterscheiden uns alle darin, wie wir ein Gespräch führen. Wer seine Ausführungen mit »Ich denke ...« beginnt, macht deutlich, dass es ihm um Inhalte und Argumente geht. Wer mit »Ich spüre ...« beginnt, will über Emotionen und Verhaltensweisen sprechen. Mit »Ich sehe ...« einzusetzen, bedeutet, über Beobachtungen und visuelle Eindrücke sprechen zu wollen. Solche Unterschiede wahrzunehmen und darauf einzugehen, steht am Beginn eines positiven Gesprächs. Wenn Ihr Gesprächspartner Ihnen gegenüber offen ist, übernehmen Sie seine Haltung. Verschließt er sich, versuchen Sie ihn durch Ihre eigene offene Haltung zu mehr Offenheit zu bewegen. Verschränken Sie nicht ihre Arme und Beine, denn das wirkt defensiv und schafft Distanz. Halten Sie nicht die Hand vor den Mund. Wenn Sie merken, dass Ihr Gesprächspartner Ihnen überhaupt nicht zuhört oder sich mit etwas anderem beschäftigt, sollten Sie dieses unfruchtbare Gespräch abbrechen. Fragen Sie lieber, ob Sie ihr Gespräch zu einem anderen Zeitpunkt fortsetzen können oder schlagen Sie vor, wieder von vorne zu beginnen. Jeder interpretiert das, was er hört, anders. Diese Unterschiede im Gespräch zu erkennen, ist nicht einfach, aber wenn man es vorsichtig angeht, entsteht eine Kommunikation, bei der sich alle wohlfühlen. Folgen Sie den vier Schritten eines positiven Gesprächs anhand des FACE-Modells: Focus (Konzentrieren Sie sich auf den anderen und auf das Thema, lassen Sie sich nicht ablenken). Accept (Zeigen Sie durch Kopfnicken und mittels Augenkontakt, dass Sie den anderen akzeptieren). Care (Zeigen Sie Interesse, machen Sie Ihre Beteiligung deutlich, indem Sie Worte Ihres Gesprächspartners wiederholen und ergänzende Fragen stellen). Embrace (Zeigen Sie, dass Sie Ihr Gegenüber schätzen, dass Sie seine Argumente verstehen und seine Emotionen teilen). Aktives Zuhören bildet die Grundlage jedes guten Gesprächs. Bemühen Sie sich, die (Körper-)Sprache des anderen zu verstehen und aufzunehmen. Lassen sie sich nicht vom Ziel des Gespräches ablenken. Das am besten darin besteht, ein Ergebnis zu finden, mit dem sich beide wohlfühlen.

POSITIVE BEZIEHUNGEN

Für eine Nachricht über die ansteigende Zahl an Ehescheidungen findet sich in den Medien immer ein freier Sendeplatz. Wie kann eine Beziehung trotz allem auf Dauer erfolgreich sein? Romantische Filme und Poster mit glücklichen Paaren am Strand anzustarren, bringt uns in dieser Frage keinen Schritt weiter. Im Gegenteil: Gerade dieses verzerrte und unrealistische Bild sorgt für die meisten Probleme.

Barbara Fredrickson ist eine Expertin auf dem Gebiet der Emotionen. Die von ihr entwickelte Broaden-and-Build-Theorie beschreibt, wie positive Emotionen wie Lust, Interesse, Zufriedenheit, Stolz und Liebe unser Bewusstsein erweitern und uns sowohl physisch als auch intellektuell, sozial und psychisch stärken. Wer positive Gefühle durchlebt, wird also in vielerlei Hinsicht ein stärkerer und besserer Mensch. Doch wie baut man eine positive Beziehung auf?

Wie günstig die Umstände auch immer sein mögen: **Jede Beziehung ist kompliziert und erfordert von den Beteiligten großes Engagement.** Das größte Missverständnis liegt sicherlich in der Annahme, die Liebe könne alles überwinden und jeden verändern. Liebe allein ist nicht genug, und der einzige Mensch, den man wirklich verändern kann, ist man selbst. Alkoholprobleme oder ein Mangel an Selbstvertrauen lassen sich durch Liebe nicht aus der Welt schaffen. Sollte es auch nicht möglich sein, seinen Problemen zu entkommen, so kann man doch Schadensbegrenzung betreiben, indem man ein sicheres Umfeld schafft, innerhalb dessen sich die Partner über ihre Gedanken und Gefühle austauschen können, ohne sich gleich beurteilt zu fühlen. Beziehungsprobleme zu lösen, fällt uns allen schwer. Wer aus einer zerbrochenen Familie stammt, wird sich bemühen, nicht die gleichen Fehler zu wiederholen. Aber kennen wir diese Fehler denn überhaupt? Und selbst wer zu Hause ein gutes Vorbild vor Augen hatte, wird selten mitbekommen haben, wie die eigenen Eltern damals ihre Probleme gelöst haben; denn darüber wird wenig gesprochen. Wo sollen wir diese Fähigkeiten dann aber erwerben? Offenbar können wir nur aus unseren eigenen Erfahrungen und aus Versuch und Irrtum lernen.

Ob Paare gut zueinander passen, können sie heute anhand vieler Tests im Internet überprüfen. Damit beugen sie womöglich einer Menge zukünftiger Schwierigkeiten vor. In den meisten dieser Tests werden sieben Bereiche abgefragt: eigene Interessen und Aktivitäten, soziale Präferenzen, Prinzipien und Werte, Religion und Glaube, Familie, Geld und Kommunikationsverhalten. Je größer die Übereinstimmungen sind, desto größer ist die Erfolgschance. Manche behaupten auch, dass Gegensätze sich anziehen. Ob sie zu einer glücklichen Beziehung führen, ist allerdings sehr fraglich.

Wer eine Beziehung eingeht, verändert sich. Und selbst ohne Beziehung verändern wir uns mindestens alle fünf Jahre ziemlich grundlegend. Menschen verändern sich, weil sie es selbst wollen, nicht weil ein anderer es von ihnen fordert. Mit diesen Veränderungen umzugehen, scheint in Beziehungen die größte Herausforderung zu sein. »Er/Sie ist nicht mehr der Mensch, in den ich mich damals verliebt habe«, diese Klage hört man immer wieder. Das Bemühen, sich selbst und den Partner zu verstehen, ist eine Grundbedingung jeder Beziehung. Auch hier spielt der Optimismus eine gewisse Rolle. Denn es geht darin nicht nur um den Menschen, den man irgendwann einmal kennengelernt hat oder heute kennt, sondern vor allem um einen Menschen, der sich ändert und entwickelt. Pessimisten verharren in der Vergangenheit. Optimisten geben der Zukunft in der Gegenwart Raum – auch in Beziehungen. Das bedeutet, sie sprechen in Hinblick auf die Zukunft immer wieder miteinander über Konflikte, Probleme, Ängste, Selbstvertrauen, gegenseitige Unterstützung, Entscheidungen, Kompromisse und sie halten ihre Liebe lebendig.

Eine Liebe, die Bedingungen stellt, ist gewiss die größte Bedrohung einer Beziehung: »Wenn du mich wirklich lieben würdest, würdest du mich verstehen und mir geben, was ich mir wünsche.« In solchen und ähnlichen Bemerken kommt eine Erwartungshaltung zum Ausdruck, die auf einen Mangel an Vertrauen und an Selbstvertrauen hinweist. Ein Ausweg? Möglichst schnell die eigenen Erwartungen und Grenzen miteinander klären. Die stärksten Beziehungen bestehen aus der Verbindung zweier starker Individuen, die sich innerhalb der Beziehung entwickeln können, ohne sich dabei vom anderen eingeengt zu fühlen. Mein Rat lautet daher: Jeder sollte sich nicht nur »zur Hälfte«, sondern zu 75 Prozent für die Beziehung engagieren. Wenn man sich bewusst ist, dass der Partner mehr als seinen Teil in die Beziehung investiert, ist man auch selbst eher bereit, mehr einzubringen. Auch hier geht es um Prioritätssetzung. Meistens wird uns erst bewusst, wie wichtig uns eine Beziehung war, wenn es zu spät ist.

Die Schlüssel zu positiven Beziehungen sind Wertschätzung, Vertrauen und Selbstvertrauen. Wer sich selbst nicht mag, macht es auch anderen schwer, ihn zu mögen. Wer zu wenig Selbstachtung empfindet, trifft falsche Entscheidungen und umgibt sich mit Menschen, die ihn nicht respektieren. Die Grundvoraussetzung für eine Kompromissbildung ist gegenseiter Respekt. Die Grundvoraussetzung für Intimität ist Vertrauen. In seiner Studie zu *Interpersonal Effectiveness and Self-actualization* legt David Johnson dar, dass es Personen, denen es gelungen ist, ihr Selbstbewusstsein zu stärken und ihren eigenen Emotionen, Wünsche und Ängsten Raum zu geben, leichter fällt, andere zu finden, die sie schätzen, lieben und unterstützen. Daran zu arbeiten, ist eine lebenslange Aufgabe. Denn unsere Interessen, Ziele, Fertigkeiten, Werte und Prioritäten bleiben nicht ein Leben lang gleich. Sie bestimmen in ihrer jeweils veränderten Form immer wieder neu, warum wir handeln, wie wir handeln, und machen uns zu einzigartigen und wandelbaren Individuen. Um in unseren Beziehungen authentisch und liebevoll bleiben zu können, sollten wir uns permanent um die Vertiefung unseres Selbstbewusstseins bemühen.

Die Schlüssel zu positiven Beziehungen sind Wertschätzung, Vertrauen und Selbstvertrauen.

FAMILIENRAT

Worin besteht das Geheimnis glücklicher Beziehungen und Familien? In positiver Kommunikation. Sie nehmen sich regelmäßig Zeit und Raum, um in einem sicheren Umfeld Gefühle, Probleme und Pläne zu besprechen. Man könnte auch sagen, sie treffen »Präventionsmaßnahmen« für gesunde, glückliche und befriedigende Beziehungen. Jede Woche bei einem festen Termin (von 20 bis 30 Minuten). Nicht konfrontativ (sondern nebeneinander oder im Kreis sitzend), erhält jeder einfach Gelegenheit zu sagen, wie er sich fühlt. Die anderen hören zu und fassen zusammen, ohne ihn anzugreifen oder sich gleich zu verteidigen. Es geht darum, gegenseitig Verständnis zu zeigen. Diese Maßnahme sorgt dafür, dass die Beziehungen nicht einrosten und negative Dinge nicht die positiven gefährden. Solche Gespräche dienen dazu, die negative Spirale aus Rückzug, Gleichgültigkeit, Missverständnissen, Konflikten, Streit und Eskalation zu durchbrechen. Wenn ein grundsätzliches Verständnis und Vertrauen vorhanden ist, muss nicht aus jeder Meinungsverschiedenheit ein Konflikt entstehen. Strukturell und formell eine Art Familienrat zu halten, kann Beziehungen und Familien wieder positiven Schwung verleihen. Mit dem es Ihnen nicht nur gelingt zu sagen, was Ihnen auf dem Herzen liegt; Sie können einander auch zeigen, dass sie zusammengehören. So dass jeder sein kann, wer er ist, und im Einklang mit den Beziehungen werden kann, wie er sein möchte. Wir alle wollen von den Menschen, die wir lieben, verstanden und geschätzt werden. Wir bleiben bei den Partnern, bei denen wir uns wohlfühlen. Die Chance, regelmäßig über unser Miteinander und unsere Gefühle zu sprechen, sorgt für beständige und positive Beziehungen.

SO LEHREN WIR ES UNSERE KINDER

Wir alle wünschen uns fröhliche und optimistische Kinder. Sie sind besser in der Schule, haben mehr Freunde, leiden weniger unter Stress, genießen ihr Leben und bauen sich auf je individuelle Art eine Zukunft auf. Aber wie werden Kinder optimistisch? Acht goldene Regeln.

1. VERPASSEN SIE IHNEN KEINE ETIKETTEN
»Björn ist ängstlich«, »Lisa ist schüchtern«, »Ruben zweifelt immer«, »Matthias ist ein Streithahn« … Wir verpassen unseren Kindern sehr schnell Etiketten. Doch das wirkt sich negativ auf ihre Entwicklung aus. Der Effekt solcher Etiketten wird von Eltern und Erziehern stark unterschätzt. Denn obwohl das betreffende Verhalten sich oft nur in einer bestimmten Entwicklungsphase der Kinder zeigt, werden sie durch die Etikettierung darauf festgelegt, es wird Teil ihrer Identität. Auf diese Weise verfestigen wir ein Verhalten, das wir eigentlich nicht fördern, sondern vermeiden möchten.

2. LEHREN SIE DIE KINDER, DIE POSITIVE SEITE ZU SEHEN
Es regnet und wir können nicht nach draußen gehen. Pech! Aber dadurch bekommen wir die Gelegenheit, uns etwas Schönes auszudenken, das wir drinnen tun können. Wir könnten zum Beispiel mal wieder unsere Gesellschaftsspiele hervorkramen. Selbst einem Beinbruch lässt sich manchmal noch etwas Positives abgewinnen, wenn man daran denkt, dass nun alle Freunde vorbeikommen und auf dem Gips unterschreiben werden.

3. HELFEN SIE IHNEN, ERFOLGE ZU ERLEBEN
Natürlich hat man vieles selbst schneller erledigt: das Aufräumen, das Sortieren der Socken oder das Verstauen des Spielzeugs. Doch wer seinen Kindern ermöglicht, kleine Erfolge zu erleben, verhilft ihnen zu einer positive Lebenseinstellung. Loben Sie sie für ihr eifriges Bemühen. Das fördert ihr Selbstvertrauen und ihren Optimismus. Es ist für Ihre Kinder hilfreicher, wenn Sie als Unterstützer für sie da sind und nicht als die Person, die alles wieder auf ihren Platz räumt. Loben Sie die Bemühungen ihrer Kinder, nicht ihre Persönlichkeit.

4. WÜRDIGEN SIE IHRE ERFOLGE
Falsches Lob erkennen Kinder schnell. Machen Sie ihnen nichts vor. Loben Sie nicht die Erfolge, sondern die Energie, die Ihre Kinder eingesetzt haben, um diese guten Resultate zu erlangen. Entdecken Sie mit ihnen gemeinsam ihre wahren Talente. Projizieren Sie Ihre Erwartungen nicht auf Ihre Kinder, sondern finden Sie heraus, was ihnen liegt, und bestärken Sie sie darin. Behaupten Sie nicht, sie seien in allem »hervorragend«. Das führt später zwangsläufig zur Ernüchterung. Suchen Sie gemeinsam nach Hindernissen und lehren Sie Ihre Kinder, wie sie diese überwinden können.

5. RESPEKTIEREN SIE IHRE GEFÜHLE
Vermitteln Sie Ihren Kindern nicht das Gefühl, nicht weinen oder scheitern zu dürfen. Sondern lehren Sie sie mit entsprechenden Fragen, die Dinge positiv zu betrachten. Will einer der Freunde nicht mehr mit Ihrem Kind spielen? Reden Sie mit ihm darüber. Nehmen Sie seine Emotionen ernst und suchen Sie gemeinsam nach Alternativen. (Mit wem könntest du denn noch spielen?) Negieren Sie die Gefühle nicht, rücken Sie sie in eine neue Perspektive.

6. HACKEN SIE NICHT AUF FEHLERN HERUM
»Ich weiß, dass du enttäuscht bist, dass deine Ergebnisse nicht so gut sind, wie du gehofft hast. Vielleicht hast du einfach Pech gehabt. Meistens bist du doch besser. Ich vertraue auf dich. Nächstes Mal hast du wieder Erfolg.« Nehmen Sie die Gefühle Ihrer Kinder ernst, wenn etwas schiefgeht. Erinnern Sie sie an andere Situationen, in denen ihnen etwas gelungen ist. Lenken Sie ihren Blick auf Positives, nicht auf ihre Versäumnisse, sondern auf mögliche zukünftige Erfolge. Aus Fehlern wird man klug.

7. SEIEN SIE EIN VORBILD
   Nicht Worte, sondern Taten zählen. Sie können von Ihren Kindern nicht erwarten, dass sie sich gesund ernähren, wenn Sie es selbst nicht tun. Ob es uns nun passt oder nicht: Für unsere Kinder sind wir Rollenmodelle. Wer sich bei seinen Kindern eine positive Haltung wünscht, sollte möglichst selbst positiv eingestellt sein. Verstecken Sie Ihre Erfolge nicht hinter falscher Bescheidenheit, sondern sprechen Sie über die Anstrengungen, die Sie unternommen haben. Machen Sie keine Katastrophe daraus, wenn etwas schiefgeht, sondern rücken Sie alles ins rechte Licht.

8. OPTIMISMUS LÄSST SICH ERLERNEN
   Machen Sie sich selbst, Ihrem Partner, Ihrer Familie und Ihren Kindern klar: Optimismus ist eine Haltung, die man erlernen kann und die viele Vorteile hat. Und vor allem: Haben Sie gemeinsam Spaß daran!

LOSGELÖST ODER VERANKERT?

»Natürlich nutze ich die Leihfahrräder in der Stadt«, sagt der Herr am Nebentisch lachend. Er ist ein begeisterter Einwohner von Brüssel. Sein Tischgenosse hingegen würde dieser Stadt am liebsten den Rücken kehren: Der Verkehr ist ihm zu stark, die Wohnungen sind zu teuer, und für die Kinder eine Schule zu finden, ist zu schwierig. Die Leihfahrräder sind ihm einerlei. Kurz hänge ich dem Gedanken nach, wer wohl die anderen Besucher des Restaurants sind, wo sie leben und was sie in der Stadt suchen. Glück vielleicht?

Zum ersten Mal in der Geschichte lebt heute die Mehrheit der Weltbevölkerung in Städten: mehr als drei Milliarden Menschen. Die Zahl der Stadtbewohner steigt ständig an. Auf ihrer Suche nach dem Glück fragen sich viele, ob es wohl eher in der Stadt oder auf dem Land zu finden ist. Die meisten Stadtbewohner rühmen die vielfältigen Möglichkeiten als wichtigsten Vorzug von Städten. Aber macht uns dieser Vorzug glücklich? Giampaolo Nuvolati arbeitet und wohnt in der quirligen Stadt Mailand. Er ist ein internationaler Experte auf dem Gebiet der Lebensqualität in Städten und lehrt Urbane Soziologie an der Biocca Universität. »Wenn ich eine Erkenntnis aus meiner Forschung gewonnen habe«, sagt er, »dann ist es die, dass die Lebensqualität nicht nur mit dem Umfang der Dienstleistungen und Möglichkeiten, die eine Stadt bietet, zusammenhängt, sondern auch damit, wie zugänglich und verfügbar sie für den Einzelnen sind und wie geschickt und angemessen er sie nutzt.«

Nuvolatis Auffassung nach geht es nicht nur um das »Haben«, sondern vor allem auch um das »Sein« und das »Tun«. Wir »haben ein Auto, aber wegen des starken Verkehrs sind wir langsam unterwegs«. Wir »haben« ein Theater, aber wenige von uns »sind Theaterbesucher«. Wir nehmen uns zwar vor, ins Theater zu gehen, aber wir finden keine Zeit dazu, die Karten sind uns zu teuer oder die Theater sind zu schwer zu erreichen. Dadurch wird es immer schwieriger, die Fülle der Möglichkeiten für echte Lebensqualität zu nutzen. Vor allem in den großen Städten, in denen sich unterschiedliche Gruppen wie Einheimische, Pendler und Touristen in die Quere kommen. In kleineren Städten gibt es zwar ein geringeres Angebot, aber dies ist direkt zugänglich und leichter nutzbar, wodurch sich die Lebensqualität der Einwohner verbessert. Gibt es allerdings zu wenige erforderliche Dienstleistungen und Angebote, verringert sich die Lebensqualität selbst dann, wenn diese leicht verfügbar sind. Denn was nutzt einem ein Rathaus, mit angenehmen Öffnungszeiten und guten Parkmöglichkeiten, wenn man dort nichts erledigen kann.

Wird man nun in der Stadt oder auf dem Lande glücklicher? Nuvolati gelangt zu dem Fazit, dass es nicht so wichtig ist, wo man lebt, solange ausreichende, leicht nutzbare Möglichkeiten bestehen und man ein gesundes Gleichgewicht zwischen »Freiheit« und »Verankerung« findet. Der postmoderne Mensch muss sich auf seine Welt einstellen und nicht vor ihrer Komplexität fliehen. Man löst sich, indem man reist, neue Erfahrungen sammelt, internationale Kontakte knüpft und die neue Kommunikationstechnologie nutzt. Man verankert sich, indem man sich seinen Freunden und seiner Familie widmet, seine persönliche und soziale Identität entwickelt und seine lokalen Netzwerke festigt. In beide Richtungen kann man sich gleichermaßen in der Stadt wie auf dem Dorf bewegen. Aber vielleicht neigt man in der Stadt eher dazu sich zu lösen und auf dem Dorf eher dazu sich zu verankern. In diesem Sinne verweist der Konflikt zwischen Stadt und Dorf auch auf einen Konflikt in uns selbst.

Da sitze ich nun also als Dorfbewohner auf der Suche nach einem temporären Gleichgewicht in einem internationalen Restaurant im Herzen der Stadt. Und schaue mich um, wer wie ich hier sein Glück sucht. Ich weiß nicht genau, wohin ich schauen soll: Richtung Dorf oder Richtung Stadt. Lächelnde Menschen sehe ich in beide Richtungen an den Tischen sitzen.

5. MEANING – OPTIMISTEN GEBEN IHREM LEBEN EINEN SINN

»Es gibt einen Unterschied zwischen einem guten Leben und einem sinnvollen«, behauptet Martin Seligman. »Das gute Leben besteht darin, das Glück zu finden, indem man jeden Tag in allen Lebensbereichen seine wesentlichen Stärken einsetzt. Das sinnvolle (*meaningful*) Leben fügt noch eine Komponente hinzu: Man nutze dieselben Stärken, um überall Wissen und Freundlichkeit zu verbreiten.« Diese beiden Komponenten findet man auch in der folgenden Definition von Glück: **feeling good while doing good.** Gutes tun und sich dabei gut fühlen.

Wichtiger als unsere Normen (was ist erlaubt? Was ist verboten?) sind unsere Werte (die Ideale, die wir anstreben): Freiheit, Friede, Gleichheit, Gerechtigkeit, Glück, Liebe, Respekt ... Doch **»all unsere Werte sind wehrlos«.** Unsere Ideale sind so schön wie verletzlich, denn sie können sich nicht selbst verteidigen. Wer sein Leben und das anderer als wertvoll ansieht, verteidigt bewusst die Werte, die uns alle ein positives Leben ermöglichten.

Die Vision des internationalen Verbands »Optimisten ohne Grenzen« wäre erfüllt, wenn die ganze Welt ein einziges *Optimistan* wäre: ein »Staat des Bewusstseins«, in dem alle Bürger Optimisten wären. **»Optimist zu sein, ist eine bewusste Entscheidung**, die Übung, Mühe und Selbstdisziplin erfordert«, sagen die »Optimisten ohne Grenzen«: »Solange wir immer andere oder die Umstände für unser Unglück und unsere Schwierigkeiten verantwortlich machen, gelingt es uns nicht, unser Leben zu verbessern. Optimismus stützt sich auf Werte und Vertrauen. Dadurch setzen wir uns für eine Welt ein, die für alle schöner, gerechter und humaner ist.«

WIE MUTIG SIND SIE?

Das Publikum im Saal lauscht gebannt den Worten von *Robert Biswas-Dieners*, dem »Indiana Jones« der Positiven Psychologie. Er ist der Sohn von Ed Diener, dem Begründer der Glücksforschung. Schon als Kind nahmen seine Eltern ihn mit zum Amazonas, um dort das Glück der Einheimischen zu untersuchen. Später folgten ähnliche Forschungsreisen zu den Inuit und den Amish People, zu Straßenkindern in Indien und kenianischen Stämmen. Ich hatte Robert Biswas-Diener zum Glückskongress nach Europa eingeladen, wo wir gemeinsam *Glück. The World Book of Happiness* vorstellten, ein Projekt, an dem er voller Begeisterung mitgewirkt hat. Wir traten eine Woche lang gemeinsam auf. Er arbeitete zu dieser Zeit gerade an einer Studie über »Mut«. Wie mutig sind wir? Woran zeigt sich das? Es ist nicht einfach, die richtigen

Worte dafür zu finden. »Das können die wenigsten«, sagte er. »Ich traue mich zu sagen, dass ich mutig und humorvoll bin. Aber viele Leute sind oft viel zu bescheiden. Und wer sich doch vorwagt, wird schnell an den Pranger gestellt. Wer sich über das Mittelmaß erhebt, bekommt irgendwann die Rechnung präsentiert.«

Biswas-Diener hält in aller Welt Vorträge, immer vor ausverkauften Sälen. Doch sollte man von ihm keine komplizierten Modelle erwarten. Er erzählt vor allem Geschichten. Zum Beispiel davon, wie er in Grönland in der Klemme saß, als er alleine über einen Gletscher wandern wollte und gezwungen war, kehrtzumachen. Er deutete seine Lage allerdings nicht etwa als Misserfolg, sondern als mutige Tat. »Mir wurde mit einem Mal bewusst, dass ich nur ein Ziel gegen ein anderes eintauschen musste. Mein neu gestecktes Ziel lautete, hier heil wieder herauszukommen, damit ich überleben und meine Frau und meine Kinder wiedersehen könnte. Und dieses Ziel war mindestens genauso ehrenvoll wie das ursprüngliche. Ich dachte also flexibel und stellte das, was ich anfangs als Fehlschlag interpretiert hatte, in eine neue Perspektive, so dass ich meine Wandertour als Erfolg verbuchen konnte.«

Können Sie einen Löwen töten?

Er erzählte auch, wie er einmal in Kenia zu einem weit abgelegen lebenden Stamm gereist war. Dort hatte man nicht gerade darauf gewartet, Teil seiner Glücksforschungen zu werden. **Man fragte ihn erst einmal: »Sind sie mutig?« Er antwortete: »Ja.« Und das empfand er auch so.** Schließlich war er ja schon in zahllosen unwirtlichen Gegenden gewesen und hatte es jetzt auch zu diesem weit abgelegen lebenden Stamm geschafft. »Können Sie einen Löwen töten?«, fragten sie ihn. »Ich glaube nicht«, sagte er. »Dann haben Sie hier nichts verloren«, meinten sie. Er bat die Stammesmitglieder darum, die Gruppe begleiten zu dürfen, die gerade im Begriff war, den Initiationsritus für einen jungen Mann durchzuführen. Der junge Mann sollte mit einigen Stammesmitgliedern in den Wald ziehen und dort eigenhändig einen Löwen töten. Sie beratschlagten sich kurz, ob Biswas-Diener mitkommen dürfe, entschieden sich aber dagegen. Wer auf einer solchen Expedition nicht in der Lage ist, einen Löwen zu töten, stellt für sich und andere eine Gefahr dar. Da saß er nun, der tapfere Glücksforscher. »Aber ich bin wirklich mutig«, sagte er. Die Stammesleute berieten sich noch einmal. Schließlich schlugen sie vor, dass er sich mit einem glühenden Speer ein Zeichen auf die Brust brennen lassen sollte. Biswas-Diener wollte sich keine Blöße geben und nahm all seinen Mut zusammen. Jetzt oder nie konnte er seine Tapferkeit unter Beweis stellen. Dann war es so weit: Der Speer brannte sich in seine nackte Haut ein. Nie zuvor hatte er solche Schmerzen erlebt. Aber er hat es getan. »Gut gemacht«, sagten die Krieger, »das Ritual besteht aus zehn solchen Brandmarkierungen. Immer auf dieselbe Stelle.« Er dachte, dass er das nicht überleben würde. Doch es gab kein Zurück mehr. Das zweite Mal erlitt er noch furchtbarere Qualen. »Aber danach war es gar nicht mehr so schlimm«, lachte er. Er zeigte mir die vernarbte Brust. »Ich bin mutig«, sagte er. Nach dieser großen Tat konnte er die Stammesleute alles fragen, was immer er nur wollte. Auch zum Thema Glück.

WELCHE KRAFT STECKT IN IHNEN?

Manchmal bitte ich während eines Vortrags das Publikum, aufzustehen und sich einer ihnen unbekannten Person gegenüberzustellen. Das sind immer spannende Augenblicke und die meisten Zuschauer sind auch bereit mitzumachen. Dann erkläre ich die Übung, die ich auf einem Kongress in Nepal gelernt habe. »Schauen Sie sich bitte dreißig Sekunden lang gegenseitig in die Augen.« Im Saal kommt sofort unbehagliche Heiterkeit auf. Niemand ist bereit, so etwas ohne weiteres zu tun. Wir sind daran nicht gewöhnt, nicht einmal mit unserem Partner. Doch das Publikum spielt mit. Denn ich berichte, dass die meisten Menschen drei Stunden am Tag fernsehen, da kann es doch wohl nicht so schwer sein, jemandem einmal dreißig Sekunden in die Augen zu schauen. Ich möchte, dass man die unbekannte Person nicht zum Lachen bringt oder versucht, sie zu bedrängen. Sie sollen einander einfach ruhig in die Augen blicken. Das ist ziemlich schwierig, und dreißig Sekunden erscheinen wie eine Ewigkeit.

Dann erhalten sie den Auftrag, etwas Positives in den Augen ihres Gegenübers zu suchen und die Kraft zu beschreiben, die der andere ausstrahlt. Es ist immer ein sehr emotionaler Moment, wenn das beide Partner tun. Der andere darf die vom Gegenüber wahrgenommene Kraft nicht zurückweisen. Er muss sie akzeptieren, denn es ist das, was eine unbekannte Person in ihm sieht.

Den schönsten Moment habe ich einmal erlebt, als zwei einander vollkommen unbekannte Frauen nach meinem Vortrag zu mir kamen. Der Zufall hatte sie bei dieser Übung zusammengeführt. Plötzlich hatte eine von ihnen ausgerufen: »Ich kenne Ihre Augen.« Aber das war unmöglich. Die beiden waren sich sicher, sich nie zuvor gesehen zu haben. »Doch, ich kenne Ihre Augen.« Als sie sich später unterhielten, stellte sich heraus, dass die Frau als Putzfrau in dem Pflegeheim arbeitete, in dem die Mutter der anderen Frau lebte. Im Zimmer der Mutter stand ein Foto ihrer Tochter auf dem Nachttisch. Und diese Augen hat die Putzfrau wieder erkannt, weil sie dieses Foto jede Woche abgestaubt hatte. Wie eindringlich ein Blick doch sein kann.

Meist erinnern sich die Leute noch Monate später, welche Kraft ein Unbekannter an ihnen wahrgenommen hat, und stellen fest, wie selten sie so etwas mit ihrem Partner, ihren Kindern, mit Freunden, der Familie oder mit Kollegen tun: einfach eine positive Kraft beschreiben, die ein anderer besitzt und ausstrahlt. Jeder hat solche Kräfte. Aber oft genug fehlen uns die Worte dafür, sie zu beschreiben. Deshalb gebe ich Ihnen hier eine Liste mit Begriffen, die sich dazu eignen. Sie stammt von Peter Gerricken und seinem »Feedback-Spiel«.

Bemühen Sie sich, die Kräfte, die in Ihnen und anderen schlummern, zu benennen: die positiven wie die negativen.

Dies ist eine Liste mit 66 positiven Eigenschaften. Lesen Sie sie kurz durch und finden Sie heraus, welche der Eigenschaften auf Sie zutreffen und wer aus Ihrem Umfeld welche Eigenschaften besitzt. Sie werden mehr finden, als Sie denken.

abenteuerlustig	geschickt	großzügig
direkt	aufmerksam	spontan
sanft	resolut	überzeugend
inspirierend	genießerisch	geduldig
interessiert	harmonisch	zufrieden
diszipliniert	gut organisiert	flexibel
selbstständig	zusammenhänge	unkompliziert
empathisch	erkennend	schlagfertig
ruhig	selbstsicher	freundlich
sachlich	optimistisch	unangepasst
konsequent	empfindsam	hilfsbereit
fleißig	ehrlich	ehrgeizig
idealistisch	lebhaft	engagiert
verständnisvoll	einfallsreich	gewissenhaft
tolerant	respektvoll	fröhlich
mutig	kann relativieren	zuverlässig
offen	stark	verantwortungs-
taktvoll	humorvoll	bewusst
hingebungsvoll	intelligent	ernsthaft
zielstrebig	vielseitig	fürsorglich

willensstark	praktisch	genau
begeisterungs-fähig	neugierig	bescheiden
	gemütlich	kreativ

Haben Sie jetzt Lust dazu, auch die andere Seite zu erkunden? Welche der folgenden negativen Eigenschaften kennen Sie von sich oder von anderen in Ihrem Umfeld?

launenhaft	eifersüchtig	nachtragend
misstrauisch	sprunghaft	langweilig
zögerlich	habgierig	knauserig
zynisch	verschlossen	überkritisch
opportunistisch	niederträchtig	reizbar
konfus	egoistisch	nörgelig
schüchtern	unverschämt	naiv
träge	schroff	ungeschickt
distanziert	voreingenommen	undiszipliniert
pessimistisch	Neigung, sich überall einzumischen	unzufrieden
nachlässig	herrisch	angeberisch
pedantisch	arrogant	intolerant
übertrieben	unsicher	unselbstständig
besorgt	aggressiv	oberflächlich
überempfindlich	quengelig	übermütig
aufdringlich	verächtlich	unaufrichtig
unvorsichtig	negativ	unterwürfig
gleichgültig	fanatisch	rigide
unvernünftig	verklemmt	passiv
ungeduldig	kann nicht zuhören	streng
faul	kann nicht Nein sagen	unschlüssig
indiskret		vage
lebensfremd		betrügerisch
halsstarrig		verschwenderisch
wehleidig		

Es ist wichtig, die eigenen Schwächen und die der anderen zu erkennen und zu beschreiben. Denn erst dann kann man etwas dagegen unternehmen und sie zum Positiven wenden. Allerdings kann es schnell passieren, dass man sich und seinen Mitmenschen ein Etikett wie »reizbar« oder »arrogant« anheftet. Ist dies erst einmal geschehen, sieht man sich oder seine Mitmenschen oft nur noch mit diesem Etikett auf der Stirn. Jede Handlung wird aus diesem Blickwinkel bewertet. Wie sollte jemand dann je wieder etwas Gutes tun oder sich verändern können?

Wir kennen alle die große Macht des Humors. Auf der Liste der wichtigsten Eigenschaften, die ein guter Partner, Lehrer, Kollege oder Chef besitzen sollte, ist Humor fast immer auf den ersten drei Plätzen zu finden. Man sollte also vermuten, dass einer derart wichtigen Eigenschaft in der Erziehung und der Bildung genügend Zeit eingeräumt wird. Aber das Gegenteil ist der Fall. So genannte »schwierige« Kinder und Schüler haben häufig einen besonderen Sinn für Humor. Sie sind aufgeweckt, durchschauen Situationen, können relativieren, sind sprachbegabt, kreativ und aktiv. Aber glauben Sie, diese Talente würden, wahrgenommen, erkannt, wertgeschätzt oder gelobt? Keineswegs. Das Gleiche gilt auch für jede andere positive Eigenschaft aus der obigen Liste. Oder wurden Sie schon jemals wegen Ihrer Bescheidenheit gelobt? Hat irgendjemand schon einmal Bescheidenheit als Eigenschaft genannt, auf die Sie setzen können, um ein bestimmtes Ziel zu erreichen?

ICH BIN ES WERT

Wie steht es um Ihr Selbstwertgefühl? Wie kann man von anderen erwarten, respektiert zu werden, wenn man sich selbst nicht einmal respektiert? Wie sehen Sie sich? Als einen wertvollen und erfolgreichen Menschen oder als jämmerlichen Versager? Wie viele der folgenden Sätze trauen Sie sich laut und ohne lange zu zögern auszusprechen? Mehr als die Hälfte? Dann sind Sie auf einem guten Weg!

1. Ich kann meine eigenen Entscheidungen treffen.
2. Ich kann meine eigene Art zu leben wählen und dabei von meinen eigenen Bedürfnissen ausgehen.
3. Ich kann anderen verzeihen und ihre Motive verstehen.
4. Ich verdiene es, glücklich und erfolgreich zu sein.
5. Ich habe die Kraft, mich zu verändern.
6. Ich bin flexibel und offen für Veränderungen.
7. Ich verfolge einen Plan, den ich bei Bedarf auch anpassen kann.
8. Ich sehe ein, dass nicht alles perfekt sein muss.
9. Ich verdiene es, gemocht zu werden.
10. Ich kann mich für einen positiven Lebensstil entscheiden.

VOM WUNSCH ZUM WERT

»Ich bin überhaupt nicht gläubig«, erzählt mir ein Freund, »aber den wunderschönsten Morgen habe ich mit meinem kleinen Sohn in einer Klosterkirche erlebt. Es war dort mucksmäuschenstill. Die Sonnenstrahlen fielen durch die bunten Fenster. Und wir sahen beide voller Staunen zu. Es war, als würde alles zusammenfließen.«

Was findet er in seinem Leben wichtig? Stille, Harmonie, Verbundenheit, Schönheit, Schlichtheit, Ausgeglichenheit. Dinge dieser Art. Andere suchen Abenteuer, Spannung, Erfolg, Meinungsaustausch, Macht, Gleichberechtigung, Natur, Siege, Geld, Wissen, Wertschätzung, Treue oder Liebe. Jeder Mensch ist anders.

Notieren Sie fünf solcher Begriffe, die Sie wichtig finden, denen Sie nachstreben möchten und für die Sie sich einsetzen würden. Denken Sie bitte nicht allzu lange darüber nach. Fertig?

Diese Begriffe versinnbildlichen, wer Sie sind und wofür Sie stehen. Es sind Ihre persönlichen Wertvorstellungen. Eine solche Liste zeigt Ihnen auch, wo Sie Ihre Prioritäten sehen, die die Entscheidungen, die sie – bewusst oder unbewusst – treffen, weitgehend bestimmen. Unsere Entscheidungen gründen sich ja auf unsere Werte.

In einer großen landesweiten Umfrage ermittelte der *Bond Zonder Naam* (Bund ohne Namen) die wichtigsten persönlichen Werte von tausenden Belgiern. Hier die Top Ten der Antworten: Ehrlichkeit, Respekt, Freundschaft, Familie, Zuneigung, die Fähigkeit zuhören zu können, Gesundheit, Verantwortungsgefühl, Vertrauen und eine positive Einstellung. Erkennen Sie sich in den Antworten wieder?

Werte gehören aber nicht nur zu unserem persönlichen Leben. Es gibt auch Ideale und Motive, die jede Gesellschaft anstrebt. Natürlich bestehen je nach kultureller oder religiöser Vorstellung geteilte Auffassungen darüber, was erstrebenswert ist. **Häufig werden dieselben Werte von verschiedenen Menschen unterschiedlich aufgefasst.** Auf »Respekt« beziehen sich zum Beispiel sowohl die Gegner als auch die Befürworter von Sterbehilfe und Abtreibung. Im Laufe der Geschichte kann sich unser Wertekanon auch verändern. Manchmal gewinnt der Konservatismus die Oberhand, manchmal sind es Besitz oder Genuss. In anderen Zeiten liegt der Akzent wiederum darauf, etwas zu erleben oder sich zu verwirklichen. Es gibt allerdings auch innere Werte, die ihre Bedeutung immer beibehalten, selbst wenn sie (wie in Kriegszeiten) nicht jederzeit das Verhalten der Menschen bestimmen: Liebe, Freiheit, Gerechtigkeit ...

Manchmal muss man feststellen, **dass die eigenen Werte nicht mit den allgemeinen, gesellschaftlich anerkannten Werten übereinstimmen.** So sagte etwa eine Frau an einem völlig verschneiten verkaufsoffenen Sonntag in einer Nachrichtensendung, dass Schnee für sie bloß Dreck sei und sie (um dem Matsch zu entkommen) zur Ablenkung in einen Klamottenladen geflüchtet sei. Ich hingegen war am gleichen Nachmittag so entzückt vom Schnee, dass ich mich zu einem langen Spaziergang aufgemacht habe, um die Natur zu genießen. Ich kann einfach nicht begreifen, was an einem von Neonlampen erleuchteten Kleidergeschäft vergnüglich sein soll. Ich vermute, dass meine Prioritätenliste sich gewaltig von der Liste dieser Frau unterscheidet.

Die bereits angesprochene landesweite Umfrage wollte auch ermitteln, welche Werte unser Allgemeinwesen in Belgien anstreben sollte. Machen Sie diese Übung zunächst selbst. Hier ein paar Anregungen: Ehrlichkeit, die Sorge um zukünftige Generationen, Umweltbewusstsein, Respekt, Lebensqualität, ein effektives Gesundheitswesen, Verringerung der Armut, bezahlbaren Wohnraum, Wertebewusstsein und Frieden. Eine mustergültige Aufzählung, der wir alle nur beipflichten können. Aber tun wir das auch? Die Umfrage wollte von den Belgiern nämlich auch noch wissen, welche Werte sie in der heutigen gesellschaftlichen Kultur verwirklicht sehen. Keines der gerade angestrebten Ideale taucht in den Antworten auf, sondern: Materialismus, Verschwendung, Konflikte, Aggression, kurzfristiges Denken, Bürokratie, Umweltverschmutzung ... Es besteht also eine große Kluft zwischen dem, was man jeden Tag erlebt, und dem, was man als wünschenswert erachtet. Politiker, die sich über mangelndes »Vertrauen« beklagen, könnten beispielsweise selbst versuchen mit

Es besteht eine große Kluft zwischen den tatsächlich gelebten und den erstrebten Werten.

weniger »Misstrauen« zu handeln. Ihr Motto könnte lauten: Hören Sie nicht auf meine Worte, blicken Sie auf meine Taten.

Wer sich seiner persönlichen Werte und der gesellschaftlichen Werte bewusst ist, kann sowohl persönlich wie auch gesellschaftlich die Diskrepanz zwischen den herrschenden und den erwünschten Werten aufzeigen und sich bemühen, sein Leben an dem zu orientieren, was wirklich Wert hat. Nur so ist man in der Lage, in Bezug auf die Arbeit, die Lebensweise, die Beziehung, die Freizeit und den Weg, den man einschlagen will, die richtigen Entscheidungen zu treffen.

▶ Was haben Sie sich früher für Ihr Leben erträumt? Was wollten Sie einmal werden?

Es geht hier nicht um die Aufzählung konkreter Berufe (ein Kind kennt ja nur eine sehr begrenzte Anzahl an Berufen), sondern um das, was dahintersteckt (Menschen helfen, auf einer Bühne stehen, in die Führungsetage aufsteigen, tüfteln, Ordnung schaffen, Gutes tun, Wissen erlangen und weitergeben, Applaus bekommen, Pflichten erfüllen, genießen, die Welt verändern, die Welt entdecken, Dinge erschaffen, bauen, verbinden, schöpferisch tätig sein, im Team arbeiten usw.). Bedeuten Ihnen die Träume von damals auch heute noch etwas? Wo liegen Ihre wahren Prioritäten und stimmen die Entscheidungen, die Sie treffen, mit ihnen überein?

EIN GUTER TOD

Ich habe einen Freund in China. Er heißt *Samuel Ho*, ist Professor für Psychologie in Hongkong und hat dort den ersten Forschungsbereich für Positive Psychologie aufgebaut. Als das geschafft war, meinten seine Kollegen ernsthaft, nun müsse auch ein Institut für Negative Psychologie gegründet werden. Yin und Yang sind für sie unzertrennlich. Ich habe Samuel Ho nach Europa eingeladen, wo er nie zuvor gewesen war. Anlässlich der Buchvorstellung von *Glück. The World Book of Happiness* haben wir eine Woche lang Städte und Dörfer besucht und sind sogar in die Gegend gekommen, in der ich geboren bin. In dieser Woche habe ich eine Menge von ihm gelernt, zum Beispiel, wie man mit den Augen eines anderen auf dieselbe Wirklichkeit blicken kann.

Er erklärte mir, welche vier Elemente für einen Chinesen das Glück ausmachen. Die ersten drei versetzten mich nicht weiter in Erstaunen: Gesundheit, Reichtum und ein langes Leben. **Das vierte Element aber erschreckte mich.** Er bezeichnete es als »den guten Tod«. In all meinen Studien zu Optimismus und Glück in der westlichen Kultur war mir dieser Begriff nur höchst selten untergekommen. Wir Abendländer schweigen über den Tod. Und wir nehmen ihn gewiss nicht in unsere Definition von Glück auf. Chinesen hingegen tun eben dies ganz bewusst.

Fu ist das chinesische Wort für Glück. Es wird genauso ausgesprochen wie das chinesische Wort für Fledermaus. Dadurch sind beide Begriffe sehr stark miteinander verbunden. Fledermäuse kommen als Glückssymbole in allerlei Formen und Formaten vor. Eine Karte, auf der fünf Fledermäuse abgebildet sind, symbolisieren die fünf irdischen Glückseligkeiten: Zu den bereits genannten gesellt sich nämlich noch die Tugendhaftigkeit hinzu. Der gute oder sanfte Tod ist sowieso in jeder Definition von Glück enthalten.

Wir wissen alle, dass wir irgendwann sterben müssen. Das ist so ziemlich die einzige Gewissheit, die wir haben. Trotzdem fährt uns der Schreck in die Glieder, wenn jemand stirbt. In der griechischen Mythologie gewährt Zeus Tithonos Unsterblichkeit, nicht aber ewige Jugend. Tithonos bleibt also am Leben, wird jedoch immer älter und schrumpft irgendwann zu einer Grille zusammen. Nicht unbedingt ein Schicksal, das man sich wünscht. Die Moral der Geschichte ist wohl: Man sollte sich nicht selbst überleben.

In Nepal sehe ich, wie an den Flussufern in Kathmandu die ältesten Söhne mit dem Leichnam ihres Vaters oder ihrer Mutter angefahren kommen. Sie wickeln den toten Körper in ein Tuch und ziehen ihn dann das steile Ufer entlang, bis die Zehen das Wasser berühren. Dann legen sie die Leiche auf Holzblöcke und zünden sie an. Es ist ein übliches Ritual. Das Leben um sie herum geht währenddessen seinen gewohnten Gang. Am Ufer liegen die brennenden Leichen, Kinder gehen auf dem Weg zur Schule daran vorbei, Frauen waschen Wäsche. Und wir schauen zu und verstehen das Ganze nicht. Wir sprechen nur selten über den Tod. Zu Hause schreiten wir langsam hinter Leichenzügen zum Friedhof oder Krematorium her. Danach sitzen wir bei Kaffee und Kuchen zusammen. So ist das Leben, so ist der Tod.

Der gute und sanfte Tod ist für Chinesen ein wesentlicher Bestandteil des Glücks. Doch welche Vorstellung verbinden Sie damit? Auf der Welt gibt es sehr viele unterschiedliche Arten, mit dem Tod umzugehen. Aber wie unterschiedlich die Kulturen und ihre Rituale auch sein mögen: **Die Vorstellungen davon, was ein guter oder ein schlechter Tod ist, stimmen weltweit weitgehend überein.** Im Zusammenhang mit dem Tod bestehen drei wesentliche Ängste: Der Mensch fürchtet sich, alleine, unerwartet oder fern von zu Hause zu sterben. Der britische Medizinsoziologe *Clive Seals* hat dieses Phänomen eingehend untersucht. »Manche Idealvorstellungen eines guten Todes sind nahezu universell«, meint er. »Nach einem langen und erfüllten Leben, zu Hause ohne großes Elend und Leid zu sterben und dabei als Sterbender mit seinem Umfeld im Reinen zu sein und ein gewisses Maß an Kontrolle darüber zu haben, was mit einem geschieht«, das macht einen guten Tod aus. Die Auffassungen über einen schlechten Tod gleichen sich ebenfalls stark. Sie bestehen, nicht ganz unerwartet, aus dem Gegenteil. Einsam und allein zu sterben, ist überall ein Horrorszenario. Die Vorstellung, am Ende unseres Lebens von anderen Menschen isoliert zu sein und nicht mehr auf unser soziales Umfeld, unsere Freunde und Verwandten zurückgreifen zu können, erfüllt uns mit Furcht. Ebenso wie fern von zu Hause oder nach einem schrecklichen Unfall unerwartet und mit wahnsinnigen Schmerzen zu sterben.

Der Mensch fürchtet sich davor, alleine, unerwartet oder fern von zu Hause zu sterben.

Je mehr es uns gelingt, dem Tod und dem Sterben Raum zu geben, desto besser können wir auch damit leben. Dazu greifen alle Menschen und alle Gemeinschaften auf sinnstiftende Erzählungen und allgemein anerkannte kulturelle Vorstellungen zurück. Über den Tod zu schweigen, ist ein Zeichen von Schwäche. Menschen, die nach Glück streben, versuchen, dem Tod einen sinnvollen Platz in ihrem Leben einzuräumen. So schwierig, schmerzhaft oder herzzerreißend das manchmal auch sein kann.

NATÜRLICHE KRAFT

Kinder, die sich nie schmutzig machen dürfen, werden schneller krank. Wer regelmäßig mit den Händen in der Gartenerde wühlt, braucht kein Antidepressivum. Wer einen Garten besitzt, weiß das natürlich:

Gärtnern wirkt sich positiv auf das Gemüt aus. Das ist mittlerweile sogar wissenschaftlich bewiesen.

Chris Lowrey von der *Universität in Bristol hat* herausgefunden, dass das *Mycobacterium vaccae*, das in Erde, Staub und Dreck enthalten ist, einen positiven Effekt auf unsere Hirnfunktionen hat. Dieser Effekt soll mit jenem vergleichbar sein, den Serotonin bewirkt, ein Stoff, der unsere Stimmung hebt und dessen Konzentration im Gehirn durch Antidepressiva erhöht wird. Außerdem stimuliert dieses Bakterium das körpereigene Immunsystem. Verschiedene Studien haben bereits belegt, dass es nachteilig auf Kinder auswirkt, wenn sie in einer zu hygienischen Umgebung aufwachsen. Wenn man nie mit Mikroben in Kontakt kommt, entwickelt man auch kein Immunsystem. Mikroben sind ziemlich gut im Recyceln. Sie verwandeln totes organisches Material in nützliche Substanzen.

In England hat *The Royal Horticultural Society* eine großangelegte Studie über die positiven Auswirkungen von Schulgärten durchgeführt. Die Auswirkungen waren verblüffend. Kinder, die in einem Schulgarten arbeiteten, wurden ruhiger, widerstandsfähiger und gesünder. Kleine Kinder verloren durch den direkten Kontakt ihre anfängliche Scheu vor Insekten. Die Schüler lernten, geduldig zu warten, bis das Gemüse wächst und die Ernte reif ist, und sie aßen Gemüse, das sie bis dahin überhaupt nicht gekannt oder gemocht hatten. Sie lernten, vor allem, was wächst und gedeiht, Respekt zu haben, Schwierigkeiten zu meistern, sich auf die Ergebnisse zu freuen und unberechenbare Naturkräfte einzuschätzen. Lehrer, die die Gartenarbeit zu unterschiedlichen Zwecken in den Unterricht integrierten, sahen nicht nur, wie das Interesse der Kinder stetig zunahm, sondern auch, wie ihr Wohlbefinden und Selbstvertrauen wuchs. Gärten machen uns glücklicher.

Es genügt manchmal schon, einfach nur im Gras zu liegen und die Natur zu genießen. Die Wolken, das Grün und die Natur beruhigen uns und sorgen dafür, dass wir Probleme schneller vergessen oder sie relativieren können. **Wer der Natur allerdings gärtnernd zur Hand geht, erlebt ein doppelt so großes Vergnügen.** Aktive Gärtner haben nachweisbar einen niedrigeren Wert des Stresshormons Cortisol in ihrem Speichel als Nicht-Gärtner, sie sind oft viel fröhlicher und können sich besser konzentrieren. Sie sind im »Flow«, während sie graben, pflanzen und pflücken: eine fesselnde und stimulierende Aufgabe, über der man häufig die Zeit vergisst. Ein Hoch auf die schmutzigen Hände!

Wer sich einmal die Zeit nimmt und mit einem Gärtner, einem Landwirt oder einem Naturschützer spricht, wundert sich bestimmt, wie lebensklug die meisten von ihnen sind. Gärtnern wirkt sich auf das menschliche Gehirn aus. In Irland erforscht *Finbarr Brereton*, wie sich die Natur auf unser subjektives Wohlbefinden auswirkt. Irland gehört weltweit zu den zwanzig glücklichsten Ländern. Die Nationalfarbe Irlands ist Grün und dem Vernehmen nach gibt es auf der Insel über vierzig verschiedene Grüntöne. Iren haben offensichtlich etwas zu unserem Thema beizutragen. Finbarr Brereton meint, dass **wir den Wert der Natur beharrlich unterschätzen,** möglicherweise, weil sie ein gratis zu haben ist. Es gibt sie einfach, man muss keinen Eintritt zahlen, und dadurch erscheint sie vielen vielleicht wertlos zu sein. Wir würdigen die Natur nicht mehr. »Im Gegensatz zu den üblichen Konsumgütern wie Autos und Fernsehgeräten«, sagt Brereton, »werden Naturgüter wie saubere Luft und herrliche Landschaften nicht auf dem freien Markt gehandelt. Auch wenn sie für eine nachhaltige Entwicklung und Lebensqualität wesentlich sind. Die meisten Menschen neigen dazu, die Natur tendenziell unterzubewerten, und bringen ihr kaum Interesse entgegen. Sie begreifen einfach nicht, wie glücklich uns der einfache Kontakt mit der Natur machen kann.«

Gärtnern wirkt sich auf das menschliche Gehirn aus.

Für den anspruchsvollen Konsumenten von heute wird ohnehin alles angepasst. Wir wollen kein schief gewachsenes Gemüse oder knubbelige Kartoffeln auf dem Teller haben. Gemüse hat überall und jederzeit »perfekt« auszusehen. Schon bei der Ernte wird fast ein Drittel der Kartoffeln nicht mehr vom Feld aufgesammelt, weil sie nicht in das Bild der schönen, ovalen Kartoffel passen. Tomaten kommen unter einen Farbscanner, bevor sie zum Konsumenten gelangen. Haben sie nicht den richtigen Rotton, wandern sie in den Abfalleimer. Fünfzehn Prozent unseres Gemüses wird aus ästhetischen Gründen weggeworfen. Wer sein eigenes Gemüse anbaut, lässt sich von dem Grünzeug, das im Supermarkt liegt, nicht täuschen. Nur wenn wir wieder zu Garten, Feld und Natur eine Verbindung herstellen, kann es uns gelingen, auch auf diesem Gebiet Prioritäten zu setzen und offen für alles zu sein, was nahrhaft, wertvoll und nachhaltig ist.

GENIESSEN

»Wissen Sie, was das Problem mit den Leuten heute ist? Sie können einfach nicht mehr genießen!« Dieser Satz aus einer kurz zuvor geführten Diskussion kommt mir in den Sinn, als ich am Bahnhofskiosk die Zeitschrift *Genießen* liegen sehe. Man kann Genuss jetzt also kaufen, denke ich. Für 4,95 €.

Die Titelseite enthüllt gleich die vier wichtigsten Regeln für den wahren Genuss:

- Langsam leben
- Die Aussicht auf Stille
- Handmade ist wahrer Luxus
- *Slow food is good food*

Bringen mich diese Slogans auch dem Geheimnis des Optimisten näher?

LANGSAM LEBEN?

Wir lebten mal langsam. Alles plätscherte dahin. Wir gingen zu Fuß oder fuhren mit dem Rad. Wenn wir telefonieren mussten, gingen wir zu den Nachbarn oder zur nächsten Telefonzelle. Von einer Taxi-App hatte noch niemand etwas gehört. Straßenbahnen fuhren nicht allzu schnell. Nach England nahm man die Fähre. Und dann musste es mit einem Mal schneller und schneller gehen: ICE, E-Mail, Handy, Überholspuren, SMS, Schnappschüsse, Express-Zustellungen, Bungee-Jumping und Speed-Dating. Wir sitzen alle in der Achterbahn des Lebens. Und da soll auf einmal »echter Genuss« nur mit Langsamkeit funktionieren. Wir rasen über Autobahnen, um uns anschließend am Fahrkartenschalter für eine Fahrt mit der Dampfeisenbahn anzustellen: immer schön langsam. Und wir sind total perplex, wenn sich jemand die Zeit genommen hat, um uns einen handschriftlichen Brief zu schreiben.

DIE AUSSICHT AUF STILLE?

Es war still. Zu Hause konnte man die Uhr ticken hören, auf der Straße konnte man noch bedenkenlos jemanden ansprechen und im Wald konnte man dem Rufen des Kuckucks und dem Quaken der Frösche lauschen. Aber dann brauchten wir auf einmal unbedingt Dezibels, Bohrmaschinen, Strahltriebwerke, Supertrucks, Noiseware, Soundscapes, Fahrstuhlmusik, iPods und Klingeltöne: Ausgerüstet mit Kopfhörern und Ohrenstöpseln, wenden wir uns scharenweise von unseren Mitmenschen ab. Nie ist es mehr still in den Köpfen. Die Zeitschrift *Genießen* hat die letzten zehn Ressorts der Stille aufgetan, die man für viel Geld besuchen kann. Um der Stille zu lauschen. Wir genießen den Barfußpfad und befahren mit Elektrobooten abgelegene Flüsse. Stille wird unbezahlbar.

HANDMADE ALS WAHRER LUXUS?

Wir kannten nur Selbstgemachtes. Meine Mutter hat meine Pullover gestrickt, und als mein Vater in die Rolle des Weihnachtsmanns schlüpfte, war die Farbe des Kasperltheaters, das ich geschenkt bekam, noch nicht getrocknet. Aber dann mussten wir ja unbedingt zu C&A, H&M, Pfennigland und Ikea. Unsere Kleidung, unsere Häuser, unsere Spielwaren und unser Werkzeug sehen alle gleich aus. Schuster, Schneider, Schreiner und Schmieder mussten ihre Werkstätten schließen. Und nun sind wir bereit, für alles, worauf *handmade* steht, viel Geld auszugeben. Weil es einzigartig ist und nicht im Akkord produziert wurde, sondern mit den geschickten Händen einer Fachkraft.

SLOW FOOD IS GOOD FOOD?

Wir haben immer nur Slow Food gegessen. Speisen wurden manchmal tagelang eingelegt, das Essen stand oft stundenlang auf dem Herd und kochte, schmorte, brutzelte vor sich hin. Zum Essen nahm man sich Zeit. Aber Fast Food, Minutenterrinen, Nachtkioske und Schnellimbisse sollten unser Tempo erhöhen. Die Eröffnung eines neuen McDonald's auf dem Roten Platz in Moskau oder an der Chinesischen Mauer war ein Hauptthema in den Nachrichten. Und heute sind wir bereit, für Slow Food weite Strecken auf uns zu nehmen und ein kleines Vermögen dafür hinzublättern. Das also ist, wie es scheint, wahrer Genuss.

Alles, was wir genießen konnten, haben wir uns nehmen lassen. Aber zum Glück gibt es Zeitschriften, die uns das, was wir hatten, als puren Luxus verkaufen: kostspielige Langsamkeit, Handmade Design, drei Sterne Slow Food und Last-minute-Flüge zu den letzten Orten der Stille in der Welt. Stimmt denn eigentlich der Satz: »Sie können einfach nicht mehr genießen!«? Wir können uns natürlich über die Kinder und Jugendliche von heute beklagen, die Hamburger in sich reinstopfen und an ihrem iPod hängen. Doch wer hat all diese Dinge mit Trommelwirbel in unserer Gesellschaft begrüßt? Nicht die heutige Generation, sondern die vorherige. Es ist nicht die Schuld unserer Kinder, dass wir uns alles, was der Mensch genießen kann, haben wegnehmen lassen. Es liegt in unserer Verantwortung, es ihnen zurückzugeben. Denn Ronald McDonald wird es gewiss nicht für uns tun.

Alles, was wir genießen konnten, haben wir uns nehmen lassen.

FÜNF MERKMALE EINES OPTIMISTEN

Würden Sie ihn erkennen? Den Optimisten in Ihnen oder in anderen aus Ihrem Umfeld? Dies sind die fünf Merkmale eines Optimisten. Notieren Sie sich die Eigenschaften, die Sie wiedererkennen und an denen Sie künftig arbeiten wollen.

- Sie erwarten stets das Beste. Wer wagt, gewinnt.
- Sie bewerten die Wirklichkeit neu. Jeder Misserfolg ist eine Chance.
- Sie wirken ansteckend. Man ist gerne in ihrer Gesellschaft.
- Sie sind kaum von anderen abhängig.
  Sie setzen sich selbst für Ihr Glück ein.
- Sie halten durch. Pessimisten geben schnell auf.
  Optimisten sind geduldig und halten durch.

EIN REICHES LAND

»Stellen Sie sich vor, Belgien würde auseinanderbrechen. Dann würde es hier bald aussehen wie im Libanon. Ein Land im Bürgerkrieg«, klagt mein besorgter Tischgenosse in einem Brüsseler Restaurant. »Wo sollten wir dann hin?« Er nippt an seinem Portwein und entscheidet sich spontan für die Flucht nach Portugal: »Jeden Tag Sonne!« Libanon oder Portugal? Man kann sich bei so einer Entscheidung doch nicht von den oberflächlichen Annehmlichkeiten leiten lassen. Ich sehe mir in der *World Database of Happiness* die Glücksstatistiken beider Länder an und stelle zu meiner Überraschung fest, dass sich sowohl Libanesen als auch Portugiesen mit einer 5,6 bewerten. Wer das Glück sucht, könnte also sowohl in den Libanon flüchten als auch nach Portugal. Und trotzdem scheinen die Einwohner dort nicht einmal so unglücklich zu sein. Ich unterhalte mich mit *Elie G. Karam* über die Gründe.

Karam lebt in Beirut und leitet an der dortigen Universität das Institut für Psychiatrie und Psychologie. Er erforscht unter anderem, welche Auswirkungen der lange Krieg auf die Menschen hat. Karam beginnt das Gespräch mit einem Understatement: »Im Krieg herrschen nicht die besten Bedingungen für Glück. Die Libanesen haben sehr gelitten und wir zahlen einen hohen Preis.« Dennoch hat er bei den Libanesen eine geheime Stärke entdeckt: ihr Temperament. Ihm ist aufgefallen, dass im Libanon ein Temperament vorherrscht, das stärker ist als alle Ängste. Angst kommt erst auf dem zweiten Platz. Wer sich von Angst leiten lässt, macht sich über fast alles Sorgen. Karam weiß, dass ängstliche Menschen unglücklicher werden und eher Gefahr laufen, an Depressionen und ernsten psychischen Störungen zu erkranken. Das besondere Temperament aber, das hier entscheidend ist, ist das hyperthymische Temperament. Für den hyperthymischen Typus ist das Leben ein endloses Fest. Sie fühlen sich stark, tatkräftig und produktiv, haben großes Selbstvertrauen, gehen gerne Risiken ein, sind großzügig, fröhlich und warmherzig. Sie suchen das Vergnügen, wo immer es nur geht - und laut Karam sogar in den brenzligsten Kriegssituationen. Der Ausgangspunkt ist für die ängstliche und die hyperthymische Gruppe gleich: eine aussichtslose und gefährliche Lage. Wer sich jedoch von seinem hyperthymischen Temperament leiten lässt, fühlt sich glücklicher und schützt sich damit sogar gegen ernste psychische Schäden. Krieg hin oder her. »Dieses Temperament ist ein starker Schutz gegen psychische Störungen, während Angst wesentlich dazu beiträgt, sie auszulösen.« Offenbar sind die Libanesen mit einem hyperthymischen Temperament aber in der Mehrheit.

»Wir feiern bei den geringsten Anlässen ausgelassene Feste«, sagt Karam. »Leute jeden Alters, verschiedener Freundeskreise, Familien … alle kommen einfach zusammen, um Spaß zu haben.« Er übersetzt ein libanesisches Sprichwort für mich, das dies seiner Meinung nach am besten zusammenfasst: »Das Paradies ist ein Ort, an dem du bestimmt nicht sein willst, wenn dort niemand außer dir ist.« Wie wichtig doch menschlicher Kontakt ist.

Ich fahre durch die stets ruhigen Wohnviertel in Flandern. Hier wütet kein Krieg. Trotzdem sind bei zahlreichen Häusern Sommer wie Winter auch am Tage die Rollläden heruntergelassen. Die Zäune um die Häuser werden immer höher, die Schilder mit den abschreckenden Hundedarstellungen kann man kaum mehr zählen. Feste feiert man hinter verschlossenen Türen. Wir leben in einem reichen Land, in dem ein Jahresrückblick im Fernsehen schon einmal »Das Jahr der Angst« heißen kann. Mit dieser Mentalität in den Libanon zu flüchten, scheint mir nicht sehr vernünftig zu sein. Und wenn aus Brüssel Beirut würde, gingen wir vollkommen zugrunde. Sollten wir nicht schleunigst an unserer Mentalität arbeiten?

Die Zäune um unsere Häuser werden immer höher.

FREI UND VERBUNDEN

Was wären Sie gerne für ein Baum? Zu einem Optimisten scheint mir eine Pappel zu passen. Sie besitzt drei wichtige Eigenschaften: tiefe Wurzeln (Verbundenheit), hoher Stamm (starkes Wachstum) und fröhlich raschelnde Blätter (Freiheit).

Auf den ersten Blick und verglichen mit der Eiche ist die Pappel gewiss ein »billiger« Baum. Wenn ich aber entscheiden müsste, ob ich lieber als Eichentisch enden wollte oder als das weiße Holz, aus dem Apfelsinenkisten gemacht sind, nähme ich die fröhliche Pappel. Außerdem hat Leonardo da Vinci sein Meisterwerk, die Mona Lisa, die Ikone des geheimnisvollen Lächelns, auf Pappelholz gemalt. Dieses Stück Holz kann man wohl kaum billig nennen.

Kräftige und weitverzweigte Wurzeln bilden das unsichtbare Netzwerk, auf das sich ein Optimist stützt. Er fühlt sich mit anderen verbunden durch seine Geschichte, seine Herkunft, den Ort, aus dem er stammt, seine Familie und seine Freunde. Diese tiefe Verbundenheit macht ihn stark. Aber er braucht auch eine gewisse Freiheit. Pflanzen Sie keine Pappel zu dicht an Häuser oder Straßen. Die kräftigen Wurzeln wachsen durch Mauern oder zerfurchen den Asphalt. Optimisten arbeiten an ihrem Netzwerk. Nicht an einem so oberflächlichen Netzwerk wie LinkedIn oder Facebook, sondern an einem echten Netzwerk der Verbundenheit. Einem Netzwerk, das einem Menschen, wie die Wurzeln dem Baum, jeden Tag Kraft gibt. Bei Wind und Wetter.

Der hohe Stamm symbolisiert Stärke und schnelles Wachstum. Pappeln saugen jede Menge Wasser aus dem Boden und brauchen viel Licht. Gilt das nicht auch für Menschen? Gesundheitstherapien beginnen häufig mit dem Ratschlag, möglichst viel Wasser zu trinken. Und depressive Patienten bekommen Lichtkuren oder werden in die Sonne gesetzt. Durch das viele Wasser und das Licht wachsen Pappeln recht schnell. Sie werden zwanzig Mal größer als ein Mensch (um die vierzig Meter hoch) und leben oft doppelt so lange (etwa 200 Jahre). Schöne Aussichten, oder? Lernen, Sich Entwickeln und Wachsen stehen im Leben von Optimisten im Mittelpunkt und bilden den Stamm ihres Lebens. Sie wachsen und speichern Wissen und Erfahrung in den langen Ästen.

Wer einmal an einer Pappelreihe entlang geradelt oder spaziert ist, weiß, was ich meine. Kein anderer Baum macht so viel raschelnde Geräusche, die nach Bewegung und Freiheit klingen. Bewegung und Freiheit sind für Optimisten essentiell. Aber nicht die zügellose Freiheit, die keinen Halt und kein Ziel hat, sondern eine Freiheit,

Die Füße auf der Erde, den Kopf in den Wolken

die sich auf den breiten Wurzeln der Verbundenheit gründet und die sich in einem kraftvoll wachsenden Stamm fortsetzt. Die Füße auf der Erde. Den Kopf in den Wolken.

Von Freunden, die sich der Natur verschrieben haben, lerne ich, wie man eine Landschaft »liest«. Eine ganz besondere Erfahrung für mich. Furchen, die Geschichte von Erdklumpen, kleinen Wegen und Weinstöcken, Wasser und Weiden. Pappeln gehören zur Familie der Weidengewächse. Sie besitzen Magie. Pfeifen aus Weidenholz verjagen Hexen und Teufel. Außerdem gehören sie zu den so genannten Pionierpflanzen: Sie besiedeln als Erste ein Gebiet, in dem vorher nichts gediehen war. Ähnlich wie Klatschmohn, der in Flandern nach dem Ersten Weltkrieg das Symbol für Hoffnung geworden ist. Er gedeiht vor allem in kurz zuvor aufgeworfener, unbestellter oder beschädigter Erde, wie es sie ja nach den Bombardierungen des Ersten Weltkrieges in Flandern zur Genüge gab. Er steht auch beispielsweise immer am Rande eines Feldes, nie in dessen Mitte. Klatschmohn und Weidengewächse sind Pioniere, Spezialisten in der Besiedelung kahler Flächen. Genau wie Optimisten. Auf der Brache, die vielleicht Pessimisten hinterlassen haben, können plötzlich Optimisten gedeihen und hemmungslos wuchern. Optimismus wirkt ansteckend. Er breitet sich aus wie Feuer. Mit dem Funken der Begeisterung. Ach ja, Streichhölzer sind auch aus Pappelholz.

6. INSPIRE – OPTMISTEN INSPIRIEREN ANDERE

Manchmal finde ich diese ewigen Optimisten und ihre Art, in einer Gesellschaft aufzutreten, schon anstrengend und nervenzehrend. Sie sind immer gut gelaunt, nie in Schwierigkeiten, haben eine vertrauenserweckenden Händedruck, bestärken einen durch ihr kräftiges Schulterklopfen, zeigen durch ihr Kopfnicken ihre Aufmerksamkeit und sind ständig mit neuen Plänen beschäftigt ... Das wirkt alles so unerreichbar und aufgesetzt. Dennoch lässt sich erkennen, dass wir uns alle lieber mit Optimisten als mit Pessimisten umgeben. Wenn sie authentisch sind, versuchen sie nichts zu forcieren: Sie sind, wie sie sind, und das ist mehr als genug.

Optimisten fühlen sich zueinander hingezogen und schließen sich gern zusammen. Es gibt unzählige Optimisten-Organisationen, Blogs, Vereine, Zeitschriften, *Thinktanks*, Websites und Online-Gruppen wie *Global Optimist, Positive Thinking, Inspired Young Optimists* usw. **Das Credo der Optimisten lautet offenbar: »Gehet hin und mehret euch«.** Sie wirken inspirierend, weil sie anderen das Gefühl vermitteln, in ihnen schlummere etwas Besonderes, und weil sie sich über den Erfolg von anderen ebenso begeistern können wie über ihren eigenen. Negative Menschen kosten uns Kraft und lähmen uns. Optimisten bringen das Beste in uns zum Vorschein und bauen uns auf.

Inspiration ist etwas anderes als Motivation. Sie zielt nicht auf eine bestimmte Wirkung ab. Wirkliche Inspiratoren sind sich ihres Einflusses meistens nicht bewusst. Sie wecken bei anderen eher unbewusst das schlummernde Verlangen, aus eigener Kraft zu leben. Zu inspirieren bedeutet mitzureißen und zu begeistern. Nur was uns berührt und den Funken überspringen lässt, setzt uns in Bewegung. Optimisten lassen sich auch selbst gerne inspirieren und geben dieses Gefühl, dieses Empfinden und diesen Geist mit einem Lächeln weiter. Oftmals ohne sich dessen selbst bewusst zu sein.

MAGNETISCHER EINFLUSS

Eine Schulklasse radelt auf ihrem Ausflug an mir vorbei. Bunte Sicherheitswesten auf zwei Rädern. Ein Lehrer fährt vorneweg, eine Lehrerin hinterher. Ihre schnatternden Schüler haben sie immer im Blick. Alle Kinder tragen Fahrradhelme. Darauf wurde von Anfang an großen Wert gelegt. Niemand hat seinen Helm vergessen. Denn das hätte gewiss eine Strafe nach sich gezogen. Die beiden Lehrkräfte sind die einzigen, die keine Fahrradhelme tragen. Niemand kann sie dazu verpflichten. Doch die Kinder sehen nicht das als vorbildliches Verhalten an, was die Lehrer von ihnen fordern und bei ihnen *kontrollieren*, sondern werden von der Einstellung ihrer Lehrer und deren mehr oder weniger konsequentem Handeln *beeinflusst.*

- Welche Menschen sind und waren Ihre guten Vorbilder? Nehmen Sie sich kurz Zeit, um in aller Ruhe eine Liste zu erstellen. Das ist wichtig. Zu wem haben Sie als Kind aufgeschaut?

....

....

....

....

....

- Wer wurde später –vielleicht auch nur für gewisse Teilbereiche Ihres Lebens – zu Ihrer Identifikationsfigur?

....

....

....

....

....

- Wen würden Sie noch als inspirierendes Vorbild bezeichnen? Suchen Sie Vorbilder im Hinblick auf unterschiedliche Aspekte: Bildung, Beziehungen, Arbeit, Nachbarschaft, Werte, Freizeit …

....

....

....

....

....

Wie kommt es, dass manche, ohne mit der Wimper zu zucken, ihren Müll auf die Straße werfen, sich über Religion lustig machen, ihre Kollegen mobben und ihre Kinder schlagen, während andere sorgfältig den Müll trennen, jeden Tag beten, Mitarbeiterfeste organisieren und sich ihrem Familienleben widmen? Wahrscheinlich liegt es daran, dass wir es alle irgendwo so (oder anders) gelernt haben. Diese Lernprozesse verlaufen nicht bewusst. **Vieles von dem, was wir tun und denken, haben wir unbewusst gelernt.** Unsere Eltern waren dabei sicherlich unsere ersten und wichtigsten Lehrmeister. Nicht durch ihre Worte, sondern durch ihr praktisches Handeln.

- Versuchen Sie einmal Folgendes: Skizzieren Sie jeweils den Charakter Ihres Vaters und Ihrer Mutter. Notieren Sie mindestens fünf ihrer konkreten Eigenschaften und der Werte, für die sie stehen.

Mutter	Vater
....	....
....	....
....	....
....	....
....	....
....	....
....	....

- Erstellen Sie nun aufrichtig eine eigene Liste: Was haben Sie von Ihren Eltern eindeutig übernommen? Wogegen haben Sie sich abgegrenzt? Was haben Sie sich vielleicht unbewusst zu eigen gemacht?

....

....

....

....

....

....

....

Auch wenn Sie sich selbst in die entgegengesetzte Richtung entwickelt haben, so haben ihre Eltern Sie doch beeinflusst. Denn sie waren es, gegen die Sie sich abgrenzen konnten. Erstellen Sie die gleiche Liste auch für andere Identifikationsfiguren in Ihrem Leben.

Obwohl wir alle Kontrolle über unser Leben ausüben wollen, entgleitet uns doch vieles. Wir bekommen nicht einmal unser eigenes Leben in den Griff und erst recht nicht das anderer oder den Lauf der Dinge im Rest des Kosmos. Was wir aber alle, ob wir wollen oder nicht, im Überfluss ausüben, ist »Einfluss«. Unser Einfluss breitet sich in unendlichen Kreisen um uns aus. Am stärksten beeinflussen wir diejenigen, mit denen wir am engsten zusammenleben (Familie, Freunde, Nachbarn) und zusammenarbeiten (Mitarbeiter, Kollegen, Chefs). Je größer der Kreis wird, desto geringer der Einfluss. Das gilt auch für den Einfluss anderer auf uns selbst.

Zeichnen Sie einmal die Kreise, auf die Sie selbst einwirken, und danach die Kreise, von denen Sie beeinflusst werden.

Wer beeinflusst wen, in welchen Bereichen? Und wie bewusst oder unbewusst geschieht das?

Es geht hier nicht um Kontrolle (die sich oft sehr bewusst vollzieht), sondern um Beeinflussung (die sich meist unbewusst vollzieht). Wir beeinflussen unsere Kinder und sie uns, ebenso wie unsere Kollegen, Nachbarn und Freunde. Der Kontrolle liegt eine bewusste Intention zugrunde, der Beeinflussung oft nicht. Ob wir das nun wollen oder nicht, wir beeinflussen andere dadurch, dass wir sind, wie wir sind, tun, was wir tun, und sagen, was wir sagen. Und zwar in der eben genannten Abfolge: Unser Wesen und unser Handeln sind wichtiger als unsere Worte. Wir können allerdings darüber entscheiden, ob wir unseren Einfluss positiv oder negativ geltend machen.

Ein Arzt erklärte mir einmal, die beste Möglichkeit herauszufinden, ob ein Patient depressiv ist, bestehe darin, seinen eigenen Gefühlen nach einem Gespräch mit dem Patienten nachzuspüren: »Wenn ich mich danach selbst depressiv fühle, ist das Risiko, dass er es auch ist, groß.« Unser Gemütszustand beeinflusst unser Umfeld. Ein negativer Mensch strahlt Negativität aus, ein positiver Mensch wirkt positiv. Bei einer Begegnung pendelt sich oft ein Mittelwert ein. Wir ziehen und zerren ein wenig aneinander, so dass nach dem Treffen zwischen einem zu achtzig Prozent positiven und einem zu vierzig Prozent positiven Menschen im günstigsten Fall beide mit einer zu sechzig Prozent positiven Stimmung nach Hause gehen. Einige Menschen wirken allerdings wie starke Magnete. Ihnen gelingt es, andere weit über oder unter diesen Mittelwert zu ziehen. Das ist sowohl im positiven wie im negativen Sinne möglich. Wie fröhlich man einem Pessimisten auch begegnet, sein Magnet kann so stark sein, dass er all unsere Gefühle wie Schnee in der Sonne zusammenschmelzen lässt. Und umgekehrt haben manche so viel positive und inspirierende Energie in sich, dass es ihnen hin und wieder sogar gelingt, dem fahlen Gesicht und der schwarzen Kleidung eines Zynikers Farbe zu verleihen.

Optimismus und Pessimismus wirken wie ein Virus. **Es gibt nun einmal ansteckende Menschen, vor denen man sich hüten muss:** Menschen, die ständig klagen und endlos tratschen und die andere manchmal bewusst herabsetzen, drangsalieren oder sabotieren. Wer sich einigermaßen wohlfühlt, kann damit zwar umgehen, sollte aber dennoch lieber einen großen Bogen um sie machen. Wer sich jedoch selbst gerade nicht besonders wohl in seiner Haut fühlt, hat ein Immunsystem, das schlecht mit diesem Virus umgehen kann, und lässt sich womöglich leichter zu Negativem mitreißen. So entstehen Cliquen negativer Kräfte, und mit der Zeit kann dieser negative Virus ganze Familien

Optimismus und Pessimismus wirken wie ein Virus.

oder Arbeitsgruppen befallen. Manche Leute schleppen sich jeden Tag zu einem Arbeitsplatz, an dem sie nicht gewürdigt werden oder unglücklich sind. In einem solchen Umfeld zu überleben, ist schwierig. Mein Ratschlag wäre: Gehen Sie dort nicht mehr hin oder versuchen Sie ihr Umfeld zu ändern. Das ist allerdings nicht einfach. Viele haben sich daran schon die Zähne ausgebissen. Negative Menschen dazu zu bewegen, sich dem Positiven zuzuwenden, ist besonders schwierig, weil es dabei um die Änderung einer grundlegenden Lebensperspektive geht. An ihnen herumzuzerren, ist dabei ebenso wenig hilfreich wie langwierige Diskussionen und Konfrontationen. Die einzige Möglichkeit, die uns bleibt, besteht darin, uns nicht von ihrer negativen Einstellung mitreißen zu lassen, uns resolut für das Positive in uns zu entscheiden, diesen Einfluss auf jede erdenkliche Art geltend zu machen und auszuweiten, indem wir authentisch sind und authentisch handeln. Man weiß nie genau, wer einem zusieht oder zuhört, aber dass man gesehen und gehört wird, dessen kann man sich sicher sein. Wir sind alle Spiegel, Viren und Magnete füreinander. Wenn wir uns bewusst sind, welche Auswirkungen ein positiver Einfluss auf uns selbst hat oder in der Vergangenheit gehabt hat, ist die Wahl schnell getroffen: Werden Sie ein aufhellender Spiegel, ein gesundheitsfördernder Virus und ein starker Magnet für andere, in allen Kreisen, die Sie umgeben.

TYPUS 7

Die Illustrierten sind voll von Persönlichkeitstests, die uns erklären, wer wir sind. Wir füllen sie gerne aus, denn sie bieten uns einen Spiegel und einen Anknüpfungspunkt, um das Chaos menschlicher Beziehungen zu interpretieren. Ein allgemein anerkanntes Persönlichkeitsmodell ist das jahrhundertealte Enneagramm. Es beschreibt neun unterschiedliche Persönlichkeitstypen, die sich durch ihre Denk-, Gefühls- und Handlungsmuster unterscheiden. Der Optimist ist Typus 7.

Welche Typen gibt es noch? Den Perfektionisten (der alles richtig machen und die Dinge verbessern will), den Helfer (der geliebt werden will), den Macher (der erfolgreich sein will), den Gefühlsmenschen (der sich selbst verstehen und ausdrücken will), den Forscher (der die Welt verstehen und sich kompetent fühlen will), den Loyalen (der Sicherheit und Gewissheit will), den Führer (der sich selbst durch

Stärke schützen will) und den Friedenstifter (der in Einheit und Harmonie leben will). Der Optimist will froh, glücklich und zufrieden sein. Darin liegt die Motivation für sein Handeln. Er genießt das Leben, heitert andere auf, sieht mehr Chancen als Schwierigkeiten, ist auf der Suche nach neuen Erfahrungen und macht gerne Pläne. Seine Stärken: Er ist spontan, charmant, überschäumend und verspielt. Seine Schwächen: Er kann oberflächlich und impulsiv sein oder zu einem naiven Träumer werden. Woran er arbeiten muss: sachlich bleiben, den Bezug zu den anderen nicht verlieren und Pläne umsetzen. Einem echten Optimisten gelingt es oft, durch seinen Enthusiasmus andere zu einer positiveren Perspektive auf das Leben zu inspirieren.

WENN DAS NETZWERK LACHT

Unser eigener Optimismus und unser eigenes Glück stehen in Zusammenhang mit dem Optimismus und dem Glück unserer Freunde, dem Optimismus von deren Freunden und dem der Freunde dieser Freunde. **Unser Glück wird also auch von Menschen mitbestimmt, die wir kaum kennen und die sich außerhalb unseres sozialen Horizonts befinden.** Optimisten stehen viel häufiger im Zentrum ihres sozialen Netzwerks und sind öfter unmittelbar von glücklichen Menschen umgeben.

Jeder weitere Freund, der sich glücklich fühlt, erhöht die Chance, dass Sie sich selbst glücklich fühlen, um neun Prozent. Während sich eine beträchtliche Lohnerhöhung nur mit zwei Prozent auswirkt. Zu diesem Schluss kommen *Nicholas Christakis* (Harvard University) und *James Fowler* (University of California, San Diego) auf der Grundlage ihrer Studien über soziale Netzwerke, an denen etwa 5000 über 20-jährige Testpersonen teilgenommen haben. Die Probanden hatten durchschnittlich 11 persönliche Beziehungen (zu Familienmitgliedern, Freunden, Nachbarn und Kollegen). Für jeden dieser Beziehungspersonen untersuchten die Wissenschaftler, welche Beziehungen diese wiederum hatten und wie glücklich sich ihre Bezugspersonen fühlten. »Unser Glück wird von einem Komplex willkürlicher und unwillkürlicher Faktoren bestimmt. Von unseren Genen, unserer Gesundheit und unserem Vermögen. Aber mindestens ebenso wichtig ist das Glück der Menschen in unserem Umfeld«, schlussfolgern die Forscher. »**Wir werden von ihnen emotional infiziert** und wir geben diese Infektion im positiven wie im negativen Sinne weiter. Wenn Ihnen jemand zulächelt, lächeln Sie instinktiv zurück. Wenn Sie mit depressiven Menschen zusammenwohnen, ist das Risiko, dass Sie selbst depressiv werden, groß. Glück ist jedoch nicht nur eine persönliche Erfahrung, sondern auch eine Eigenschaft von Gruppen. Emotionen sind ein kollektives Phänomen. Wenn Sie lachen, lacht die Welt mit Ihnen mit.«

Die Wissenschaftler sahen ihre Resultate durch eine neuere Studie mit 1700 Facebook-Nutzern bestätigt. Darin stellten sie fest, dass *User*, die auf ihrem eigenen Profilfoto lächelten, ein größeres Netzwerk hatten, und dass die Mehrheit ihrer Facebook-Freunde auf ihren Fotos ebenfalls lächelte. Darüber hinaus tauchten sie häufiger auf Fotos auf, auf denen zwei Personen abgebildet waren: sie selbst und einer ihrer Freunde. Das Gegenteil bestätigte sich ebenfalls. Wer traurig blickte, hatte weniger Facebook-Freunde. Die meisten von diesen schauten ebenfalls betrübt und standen seltener im Zentrum des Netzwerks, dem sie angehörten. Die meisten Menschen kommen in etwa auf sechs gute Freunde. Doch wer lacht, hat mehr Freunde. Und diese Freunde lachen ihrerseits auch öfter.

Wer auf seinem Profilfoto traurig blickt, hat weniger Facebook-Freunde.

DIE MAGIE DES ENTHUSIASMUS

Lesen Sie folgende Sätze einmal laut:
»Wow! Ich bin gespannt, was mir dieser Tag bringen wird.«
»Wetten, dass es ein öder Tag wird.«
»Ich muss kurz mal in meinen Kalender schauen, was heute anliegt.«

Diese Sätze bestehen eigentlich aus ganz normalen Wörtern. Doch aller Wahrscheinlichkeit nach haben Sie diese ganz unterschiedlich betont. Jeden Morgen beginnen tausende von Menschen ihren Tag mit einem dieser Gedanken. Sie prägen weitgehend den Verlauf des kommenden Tages. Wer neugierig ist, was der Tag ihm bringen wird, ist offen für neue Erfahrungen und zieht diese an. Wer einen langweiligen Tag erwartet, hat große Chancen, dass sich seine Erwartungen erfüllen werden, denn er zieht Gleichgesinnte und Fehlschläge an. Die dritte Formulierung steht für eine sachliche Herangehensweise. Alles ist noch möglich. Aber es besteht die Gefahr, dass diese Haltung in Gleichgültigkeit umschlägt. Und Apathie ist nun gerade das Gegenteil dessen, was uns positiv motiviert: Enthusiasmus.

Das Geheimnis eines erfolgreichen Lebens? Winston Churchill war der Ansicht, dass erfolgreiche Menschen, auch wenn sie manchmal von einem Misserfolg zum anderen gehen, dennoch dabei ihren Enthusiasmus nicht verlieren. Und dass macht gerade den Unterschied aus. **Enthusiastische Menschen sind nicht nur interessant, sie sind vor allem interessiert.** Sie strahlen Wärme, Feuer und Leidenschaft aus und zeigen gleichzeitig aufrichtiges Interesse an ihren Mitmenschen und dem, was in ihrer Umgebung geschieht. Worin unterscheidet sich eine schwache von einer starken Marke? Warum sind Nike und Apple attraktiver als andere Marken? Weil es ihnen gelingt, ihre Marke mit Enthusiasmus zu verknüpfen. Das ist das Zauberwort für jede Form von Kommunikation, jedenfalls wenn es nicht nur um Informationsvermittlung geht, sondern auch darum, Handlungen zu motivieren und Lern- und Veränderungsprozesse in Gang zu setzen. Der Begriff »Enthusiasmus« stammt von dem griechischen Wort *enthousiasmos ab, das* »geistiges Entzücken« bedeutet und in dem das Wort *theos* steckt. Es geht also um eine Art göttliche Besessenheit. Sokrates hielt sogar die Inspiration der Dichter für eine Form von Enthusiasmus, da ihre Inspiration göttlicher Natur sei. Doch Enthusiasmus kann auch für so manchen Ärger sorgen. **Übertrieben enthusiastische Menschen beginnen mit allem Möglichen, bringen aber selten etwas zu Ende.** Sie springen von einer Herausforderung zur nächsten, vergessen aber oft, die Erfahrung selbst zu genießen. Wie stark uns Enthusiasmus auch inspirieren mag, gegen diese Art von Enthusiasten, die in allem nur das extrem Positive sehen und nicht bei der Stange bleiben, entwickeln wir oft eine Abneigung. Die positive Eigenschaft von Enthusiasmus besteht darin, dass er ansteckend wirkt. Wer von einem begeisterten Lehrer unterrichtet wird, lernt gerne. Enthusiastische Kollegen motivieren uns zu besseren Leistungen. Es kann jedoch auch anstrengend sein, jedes Mal wieder ihren Enthusiasmus für eine neue Idee und ein spannendes Teamtraining teilen zu müssen.

Das Gegenteil von Enthusiasmus ist Zynismus. Der Begriff hat den gleichen Ursprung wie das griechische Wort »Hund«. Es steht für ein bitteres, gefühlloses Misstrauen gegenüber allen guten Absichten. Wer enthusiastisch ist, lässt den Funken überspringen. Zyniker halten schon das nasse Handtuch bereit, bevor man überhaupt Anmachholz gefunden hat, um ein Feuer zu entfachen.

Der meist gehörte Begriff in Bewerbungsgesprächen ist wahrscheinlich »begeistert« (nach den unvermeidlichen Formulierungen »neue Herausforderungen« und »selbständiger Teamplayer«). Bewerber behaupten zwar, enthusiastisch zu sein, lassen aber selten etwas davon erkennen. Bei Enthusiasmus geht es nicht um das eigene Ich, sondern um die anderen. Es ist die Fähigkeit, andere für die Dinge, für die man steht und an die man glaubt, zu begeistern. Und es ist das Talent, seine Mitmenschen zu überzeugen und zu motivieren, zum Beispiel dafür, auf meine Vorschläge einzugehen oder mich als Bewerber anzunehmen. Man kann dazu die berühmte Verkaufsstrategie AIDA einsetzen: *Attention* (habe ich die Aufmerksamkeit?), *Interest* (Finden sie mich interessant?), *Desire* (Wollen sie mich?) und *Action* (Unternehmen sie etwas?). Sie funktioniert bei Produkten ebenso wie bei Menschen. Am wichtigsten ist es allerdings, dass man authentisch ist. Authentizität lässt sich nicht vorgaukeln. Und gerade dieses unausgesprochene Gefühl, das dem Enthusiasmus zugrunde liegt, schafft eine einzigartige Mischung aus Persönlichkeit, Konzentration, Interesse, Verlangen, Aktivität, Aufregung, Inspiration und Kreativität. Es durchbricht auf positive Weise die Mauern eines Denkens, das auf Angst, Problemen und Einschränkungen beruht. Und versetzt uns in die Lage, auf eine unerklärliche, beinahe magische Art und Weise das Mittelmaß zu überwinden. Der Begriff ist unlösbar mit Optimismus verknüpft. Oder um es mit den Worten Honoré de Balzacs zu sagen: »Ein Mensch stirbt zum ersten Mal, wenn er seinen Enthusiasmus verliert.«

Bei Enthusiasmus geht es nicht um das eigene Ich, sondern um die anderen.

DIE POSITIVE SCHULE

Nie wieder erhielten wir in der Redaktion der pädagogischen Zeitschrift, deren Chefredakteur ich bin, so viele Reaktionen wie damals, als ich den Lehrern in einem Kommentar der vorschlug, ihren Rotstift wegzuwerfen. Als Ersatz bot ich ihnen zehn Grünstifte an. Es kamen hunderte von Briefen. Sehr begeisterte, aber auch sehr wütende. Dennoch wage ich hier erneut ein Plädoyer für eine positive Schule. Die Zeit ist reif dafür. Der grüne Stift ist nur ein Symbol. Das Plädoyer setzt viel tiefgehender an und berührt den Kern von Erziehung und Unterrichtswesen. Unsere Schüler gehen relativ gern zur Schule. Vor allem in die Grundschule. Den weiterführenden Unterricht finden sie meistens einfach langweilig. Sie kommen vor allem wegen ihrer Freunde. (Was allerdings schon einiges über den Mangel an sozialen Kontakten außerhalb der Schule aussagt). Wenn beim Lernen die Leistung im Vordergrund steht, geht der Spaß am echten Lernen schnell verloren. Auf der europäischen Konferenz zur Positiven Psychologie in Kopenhagen wurde die bedeutende Rolle des Unterrichts noch einmal unterstrichen: Es ist nun auch wissenschaftlich belegt, dass positives Denken unser Gehirn verändert. Es weitet unseren geistigen Horizont, aktiviert mehr Hirnzellen und transformiert unser Handeln. Die allgemeine Erkenntnis, dass positive Menschen glücklicher, gesünder und erfolgreicher sind, gilt auch für die Schule. Und dazu können sowohl Lehrer als auch Schüler sowie die Schule als Gemeinschaft etwas beitragen.

Die positive Schule wird von vier Säulen getragen: Positiv eingestellte Lehrer arbeiten in einer positiven Umgebung mit positiv motivierten Schülern an einer positiven Gemeinschaft.

1. **Es beginnt mit dem Lehrer**. Er ist gut ausgebildet, enthusiastisch und kann seine Leidenschaft für das Fach und die Menschen inspirierend vermitteln.
2. **Er arbeitet in einem Team und einer Umgebung, die frischen Wind zulässt**. Am liebsten in einer Kooperation mit anderen Einrichtungen, die Kinder fördern. Ihre Arbeit beruht auf den Prinzipien einer positiven Organisation: Hier darf ich sein, wer ich bin, hier kann ich werden, wer ich werden will, hier kann ich mit anderen zusammenarbeiten und mit meiner Arbeit zu einem größeren sinnvollen Ganzen beitragen.
3. **Er hat die Entwicklung, die Motivation und das Wohlergehen all seiner Schüler im Blick.** Er erkennt ihr Talent, macht ihnen Hoffnung und eröffnet ihnen eine Zukunft. Er stimuliert ihre (Selbst-)Erkenntnis und Kreativität und lehrt sie zu forschen, zu entdecken und zu reflektieren. Er zeigt ihnen, wie sie in einer immer komplexer werdenden Welt kritisch sein und Entscheidungen treffen können (Studienwahl, Lebensentscheidungen, Medienkompetenz, Konsumverhalten, Werte, ...). Er lehrt vor allem durch Handeln, Erfahrung und Zusammenarbeit. Dabei gibt es nicht nur Raum für Messbares, sondern auch für subjektiv Wahrnehmbares wie Humor, Emotionen, Beziehungen, Schönheit, Harmonie und soziale Kompetenzen.
4. **Lehrer, Schüler und ihre Schule haben außerdem einen Blick für die Welt, in der sie leben**: Reflexion, Gerechtigkeit, Solidarität, Kultur, Integrität, Sinngebung, Nachhaltigkeit, aktives bürgerschaftliches Engagement und Verantwortung.

Im Zentrum steht »der wachsende Mensch«. Lehrer, Eltern, Schüler: Wir alle sind wachsende Menschen und brauchen Boden unter den Füßen, Kraft, Licht, Erziehung und Nahrung, Wärme und Sauerstoff. Ein ausbalancierter Lernprozess wird durch starke Erfahrungen, intensive Kontakte mit anderen Menschen und inspirierende Vorbilder genährt.

Im Zentrum steht »der wachsende Mensch«.

Auf dem Kopenhagener Kongress sprach *Howard Gardner*, Professor für Erziehungswissenschaften und Psychologie in Harvard. Er legte unter anderem ausführlich dar, dass Menschen über unterschiedliche Arten von Intelligenz verfügen. Dass es neben verbaler/linguistischer und logisch/mathematischer Intelligenz auch interpersonale Intelligenz gibt. Er unterstrich die große Bedeutung des Lehrers als Identifikationsfigur. Nicht was wir sagen, sondern was wir tun, zählt. Das gilt noch stärker für die Eltern, die ebenfalls in einer immer komplexeren Gesellschaft ihren Weg zu finden versuchen. Wer sich jedoch von Hoffnung leiten, statt von Angst lähmen lässt, entwickelt eine positive Perspektive auf die Menschen und die Welt. Und das ist sowohl für die Lehrer als auch die Schüler und ihre Eltern erstrebenswert. Verantwortung ist zu einem dynamischen Begriff geworden: zur *»ability to respond«*, zur Fähigkeit, selbst verantwortlich Antworten auf immer neue Herausforderungen in einem wandelbaren Kontext zu finden. Ein positiver Unterricht in einer positiven Schule ist eine starke Antwort auf die Fragen unserer Zeit. Leidenschaft wirkt inspirierend.

POSITIVE NACHRICHTEN

Kürzlich sah ich auf der Titelseite einer Zeitung in Großbuchstaben die Überschrift: »Das Elend bleibt bestehen«. Hunderttausend Mal gedruckt, verbreitet und gelesen. Niemand weiß heute noch, worum es in dieser Schlagzeile ging: um Staus, Pädophilie, Steuerbetrug, das Wetter, den Bahnverkehr oder die Fußballergebnisse? Es ging um Schlaglöcher. Eigentlich wollte ich der Zeitung dazu gratulieren, dass sie endlich die universelle Schlagzeile gefunden hat: »Das Elend bleibt bestehen.« Was soll ich als Leser damit anfangen? Die Sprache beschreibt Realität nicht, sie schafft Realität. Wer sich ständig mit solchen sprachlichen Äußerungen konfrontiert sieht, übernimmt dieses Weltbild. Zeitungen und Nachrichten bieten ein äußerst einseitiges und negatives Bild von der Welt und den Menschen. Positive Neuigkeiten beschränken sich oft auf Schlussbemerkungen oder Randnotizen. Warum können wir diese Gewichtung nicht resolut ins Gegenteil verkehren? Nicht um eine permanente »*Good News Show*« zu bieten, sondern um den Akzent, wie von der Positiven Psychologie gefordert, auf die menschlichen Stärken zu legen. Unsere Werte in Bereichen wie Wohlbefinden, Zufriedenheit und Vertrauen sind wesentlich geringer, als man es auf Grund des ökonomischen Wohlstands bei uns erwarten könnte. Hier ist noch allerhand zu tun.

What you focus on, is what you get. Optimismus ist nicht länger die Einstellung von Bummelanten, Träumern und Naivlingen. Und Glück ist nicht mehr die exklusive Domäne von Religion, Philosophie oder Spiritualität. Die Positive Psychologie befasst sich mit Lebensqualität auf wissenschaftliche Weise, auch mit der von Gruppen, Organisationen und Ländern. Darüber hinaus können wir weltweit auch und vor allem voneinander lernen. Es ist an der Zeit, dieses Wissen allen Menschen zugänglich zu machen. Nicht populistisch, sondern auf eine realistische, niedrigschwellige und inspirierende Art und Weise. Entscheidungsträger und Journalisten tragen dafür eine bedeutende ethische Verantwortung.

Die aktuelle (Hirn-)Forschung macht deutlich, wie sich positives Denken auf uns auswirkt: »*It opens your mind and it transforms your being*«. Menschen, die – unter dem Einfluss negativer Berichterstattung – negativ denken, engen ihre Perspektive ein, haben weniger Gespür für Nuancen und für das große Ganze. Sie aktivieren weniger Hirnzellen. Negativ zu denken, ist einfacher. **Menschen, die positiv denken, sehen mehr Chancen**, bringen bessere Leistung, haben mehr Elan, treffen häufiger richtige und gesunde Entscheidungen, verhandeln geschickter, leben bewusster, pflegen bessere Beziehungen, übernehmen mehr Verantwortung, wirken vertrauenswürdiger usw. Hierbei handelt es sich um einen biochemischen Prozess. Um diese Energie freizusetzen, brauchen wir »genügend Luft zum Atmen«. Diese Luft kann uns die Gesellschaft bieten oder verwehren. Ein positives Schulwesen, eine positive Elternschaft, eine positive Politik und ein positiver Journalismus spielen dabei eine entscheidende Rolle.

Negativ zu denken, ist einfacher.

Alle Wissenschaftler warnen vor Fallstricken. Verfallen Sie nicht blindem Optimismus und rein positivem Denken. Das kann sogar gefährlich sein und zu Selbstbetrug führen. Es geht um eine Balance, in der negative Gedanken unentbehrlich sind. Es ist nicht ratsam, sich nur dem Positiven zuzuwenden. Wir brauchen auch Informationen über das, was falsch läuft, über Betrügereien und dergleichen, um daraus zu lernen und diesen Missständen entgegenzuwirken. Darauf sollte der Akzent in negativen Berichten gelegt werden.

Journalisten und Redakteure erklären mir oft: »Gute Nachrichten lassen sich nicht verkaufen«. Wenn das stimmt – was ich bezweifle, aber okay – haben Sie als Konsumenten und Käufer von Zeitungen und Zeitschriften eine große Verantwortung. Lassen Sie die Sensationslügen, die negativen und an niedere Triebe appellierenden Berichterstattungen links liegen.

Kein Journalist sucht ausschließlich nach Negativem, das hoffe ich zumindest. Doch alle sind versessen auf Konflikte, Spannungen und starke Emotionen. Das lenkt den Blick schnell auf das Negative. Schockierende Berichte werden so bald zur Normalität, positive und inspirierende Neuigkeiten zu Ausnahmeerscheinungen. Die Auswirkungen sind verheerend: Viele glauben nicht mehr an sich und die Gesellschaft, sie vertrauen niemanden mehr und misstrauen den Institutionen, sie lassen sich von Angst statt von Hoffnung leiten, kapseln sich ab, setzen sich nicht mehr für nachhaltige Lösungen zum Wohle der Allgemeinheit ein, verlieren ihre sozialen Bindung, werden depressiv usw.

Information sollte inspirieren. Warum also sollte »Infospiration« nicht die Norm werden? Nannte man die Medien früher das *Fenster zur Gesellschaft*, haben sich viele Medien heute zum *Schlüsselloch der Gesellschaft* degradiert. Wenn Journalisten ihre Aufgabe nicht mehr nur in Information, sondern auch in gesellschaftlicher Inspiration sehen würden, würden sie ihren Lesern und ihrem Publikum nicht länger nur Negatives bieten. Warum sollten Journalisten sie nicht in allen Aspekten ihrer vielfältigen Intelligenz ansprechen, statt die Leser durch Sensationen und Katastrophen zu fesseln versuchen. Wie und wann erwecken sie deren Neugier, Intelligenz und Leidenschaft, Gradlinigkeit, Authentizität, Ehrlichkeit, Kreativität, Exzellenz, Wertschätzung, Ihren Durchhaltewillen und Humor? Mir ist bewusst, dass Zyniker solche Vorschläge sofort als Naivität belächeln. Aber sie sind nicht naiv. Wenn wir Journalisten uns nicht am Konsumenten, sondern am wachsenden Menschen orientieren, werden wir alle zu besseren und glücklichen Menschen. Dann wird nicht aus jedem Zwischenfall gleich ein Trend und aus jeder Episode eine allgemeine Wahrheit. Dann beleuchten wir in Politik, Bildung und Journalismus den Kontext und stimulieren Selbsterkenntnis, Reflexionsvermögen, Verantwortungsgefühl und Engagement. Wenn wir dies nicht tun, bleibt uns nur die lähmende Wahrheit: »Das Elend bleibt bestehen.«

WIR HABEN DIE WAHL

Als Kind hatte ich die Wahl: weiß oder rosa. Das war's. Wer heute durch den Supermarkt schlendert, wird von einem überbordenden Angebot an Farben, Rezepturen und Geschmacksrichtungen überwältigt. Dabei geht es nur um ein so simples Produkt wie Joghurt. Machen uns all diese Wahlmöglichkeiten glücklicher? Das frage ich einen Spezialisten auf die-

sem Gebiet. Paolo Verme, der in mehr als achtzig Ländern gelebt und gearbeitet hat. Er war Politikberater für Entwicklungsländer und Institutionen wie UNICEF, die UNESCO und die Weltbank und lehrt heute Ökonomie in Mailand. Sein Forschungsgebiet ist das universelle Gesetz der Auswahl. Mit welchem Resultat? Glück hat wenig mit der Zahl unserer Wahlmöglichkeiten zu tun. Entscheidend ist nicht die Zahl der Wahlmöglichkeiten, sondern die Qualität der tatsächlich getroffenen Wahl. Es steht uns frei zu reisen, wohin wir wollen, doch wenn wir am Ende alle am gleichen Strand an der spanischen Küste landen, hat uns unsere Entscheidungsfreiheit wenig gebracht.

Noch wichtiger ist es, wie stark wir davon ausgehen, unsere Geschicke selbst zu lenken. Menschen in aller Welt fühlen sich glücklicher, wenn sie größere Entscheidungsfreiheit haben. Das gilt aber nur, wenn sie davon überzeugt sind, dass sie die Konsequenzen ihrer Entscheidung selbst beeinflussen können. Mehr Wahlfreiheit führt nicht automatisch zu größerem Glück. Wir müssen diese Freiheit der Wahl auch schätzen und erkennen, dass sie ein wertvolles Gut ist, damit wir Glück daraus ableiten können. Diese Erkenntnis wird von einem Aspekt der Persönlichkeit getragen, der auf Englisch »locus of control«, Kontrollüberzeugung, heißt. Jemand, der glaubt, die Konsequenzen seines Handeln seien seinen eigenen Bemühungen und Fähigkeiten zuzuschreiben (internal locus of control), neigt eher dazu, seine Entscheidungsfreiheit höher einzuschätzen, als derjenige, der glaubt, die Konsequenzen seines Handelns ließen sich auf Zufall oder Schicksal zurückführen (external locus of control). Daher werden beispielsweise zwei Studenten, die für ihr Examen unerwartet 8 statt 7 Punkte bekommen haben, nicht unbedingt gleich zufrieden sein. Der Student, der das unerwartete Resultat seinen eigenen Anstrengungen zurechnet, wird glücklicher sein als der andere, der das Resultat für das Ergebnis eines Zufalls hält.

Verme hat nachgewiesen, dass solche Überzeugungen nicht nur genetisch bedingt sind, sondern auch in Zusammenhang mit der sozialen Entwicklung der Person und ihren familiären und schulischen Lernprozessen stehen. In diesem Bereich spielen sowohl Eltern als auch Lehrkräfte für das Glück der zukünftigen Erwachsenen eine wichtige Rolle. Kindern die Zuversicht zu vermitteln, dass sie ihr Schicksal dank ihrer eigenen Fähigkeiten selbst in der Hand haben, ist sowohl für das Glück der Gesellschaft als auch für das Glück des Einzelnen von unschätzbarem Wert. Verbraucher- und Medienkompetenz sind heute wichtige neue Fertigkeiten. Auch schon für Kinder in jüngeren Jahren. Denn sie entscheiden schließlich von klein auf beim Familieneinkauf mit. Ihr Verhalten wird ebenso wie das ihrer Eltern und Lehrer von den mehr als zwei tausend Werbebotschaften, mit denen wir im Durchschnitt Tag für Tag überschüttet werden, beeinflusst. Der rote Hahn von Kellogg's ist heute auch schon auf Spielzeug zu finden und Kinder greifen unbewusst danach. Die Marken steuern unsere Entscheidungen. Ganz gleich, ob es sich um ein Hightech-Gerät oder einen Schlumpf auf einem Senfglas handelt. Sie beeinflussen nicht nur unser Kaufverhalten, sondern auch unsere Werte, unser Selbstbild, unseren Umgang mit anderen, unsere Prioritäten und unsere Vorstellung davon, wie wir glücklich werden. Menschen, die sich dessen deutlicher bewusst sind, sich besser dagegen wappnen und ihren eigenen Anteil an Wahlfreiheit wahren, sind glücklicher als diejenigen, die weiterhin im Wunderland der unbegrenzten Wahlmöglichkeiten herumirren. Es ist beruhigend, dass eine kritische Erziehung uns nicht nur bewusster, sondern auch glücklicher macht. Wir haben die Wahl.

Eine kritische Erziehung macht uns nicht nur bewusster, sondern auch glücklicher.

7. **SMILE** – OPTIMISTEN LACHEN – TROTZ ALLEM ODER GERADE DESWEGEN

Eine kleine Aufgabe gefällig? Nehmen Sie einen Stift zur Hand und stecken Sie sich ihn horizontal zwischen die Zähne. Und jetzt versuchen Sie so breit wie möglich zu lächeln. Danach legen Sie sich den Stift zwischen die Lippen. Probieren Sie es noch einmal: Setzen Sie Ihr breitestes Lächeln auf. Haben Sie den Unterschied bemerkt? Welcher Versuch gab Ihnen ein besseres Gefühl? Bestimmt das breitere Lächeln. Wenn Sie die Wahl haben: Entscheiden Sie sich für dieses Lächeln.

Wer lächelt, trägt die Sonne in sich. Man fühlt sich glücklich, wirkt anziehend und gibt dieses Gefühl auch an andere weiter. **Durch Lächeln kann man sogar sein Gehirn austricksen.** Lächeln Sie und denken Sie an etwas Negatives, aber ohne mit dem Lächeln aufzuhören. Es ist nicht ganz einfach. Wenn wir lächeln, geben wir unserem Körper das Zeichen, dass es uns gut geht. Wer lächelt, hilft sich und anderen, positiv zu bleiben. Man kann dieses Signal auf eine Entfernung von etwa zehn Metern wahrnehmen. Körper und Gehirn sind dafür sehr empfänglich. Und mögen die kulturellen Unterschiede auch noch so groß sein, jeder Mensch überall auf der Welt fühlt sich wohl, wenn jemand den Mund leicht öffnet, die Zähne zeigt, die Wangen hochzieht und die Augen zum Strahlen bringt. Ein richtiges Lächeln beginnt übrigens immer in den Augen. Wer nur mit dem Mund lächelt, verzieht bloß das Gesicht zu einer Grimasse, die man sofort als unecht erkennt. Ein Lächeln verändert sogar unsere Stimme. Das merken wir auch beim Telefonieren. Verkäufer, die bei ihren Telefonaten lächeln, machen bessere Geschäfte. Wir hören also nicht nur ein lautes, dröhnendes Lachen, sondern spüren auch die stille Kraft des lautlosen Lächelns.

Wen würde nicht das Lächeln eines Babys berühren? Meist beantworten wir dieses Lachen mit einem breiten *Smile.* **Ein Lächeln stimmt milde und beruhigt uns.** Kinder lächeln oder lachen etwa dreihundert, Erwachsene ungefähr fünfzehn Mal am Tag. Offenbar gewöhnen wir es uns mit den Jahren ab. Studien mit blind geborenen Kindern beweisen, dass wir als Babys nicht nur lächeln, um andere zu imitieren: Das Lächeln ist uns zum großen Teil angeboren. Selbst unter Blinden lachen manche mehr als andere, das ist größtenteils genetisch bedingt. Trotzdem kann man selber die Initiative ergreifen und am eigenen Lächeln arbeiten. Obwohl das nicht unbedingt dadurch erreicht wird, das man sich ein aufgesetztes Lächeln ins Gesicht zaubert – das wird schnell als falsch erkannt –, kann man Lächeln dennoch auch auf diese Weise erlernen, wie Wissenschaftlicher mittlerweile herausgefunden haben. Wer die Mundwinkel in die Höhe zieht, wagt schon den ersten Schritt. Marc Aurel fasste diese Thematik in seinen »Selbstbetrachtungen« in folgende Worte: »Der Tod lächelt uns alle an, das Einzige, was man machen kann, ist zurücklächeln.« Im Lichte des Unvermeidlichen ist das die Essenz des Optimismus.

DIE KRAFT DES LACHENS

Hatten Sie je das Gefühl, nicht zu wissen, ob Sie lachen oder weinen sollen? Wie kommt es, dass zwei derart gegensätzliche Emotionen so nahe beieinander liegen? Sowohl Lachen als auch Weinen sorgen für eine emotionale Entladung. Das spürt man auch körperlich. Ein neuer Mitarbeiter steht mit einem Stapel Papieren vor dem Reißwolf. »Wie funktioniert denn das Ding?«, fragt er. »Ganz einfach«, sagt ein erfahrener Mitarbeiter, stopft den Packen in das Gerät und schaltet es ein. Daraufhin fragt der Neue: »Und wo kommen jetzt die Kopien raus?« Diese Geschichte tut beinahe weh und ist gleichzeitig irgendwie witzig.

Studien haben bewiesen, dass Lachen eine enorme Kraft besitzt. Es stärkt unser Immunsystem, zügelt den Appetit, erhöht die Schmerzgrenze und vieles mehr. **Die therapeutische Wirkung von Humor ist allgemein bekannt**. Klinikclowns sorgen zum Beispiel nicht nur für Unterhaltung, sie tragen auch zur Genesung bei. Lachen vermindert die Ausschüttung von Stresshormonen wie Cortisol, Adrenalin und Dopamin und erhöht den Spiegel positiver Hormone wie Endorphinen und anderen Neurotransmittern. Lauthals zu lachen wirkt sich (vom Herzen bis zu den Schultern) positiv auf unsere ganze Gesundheit aus. Wer lacht, verschiebt den Akzent von Angst, Schuld und Stress auf Hoffnung, Freiheit und Entspannung. Humor eröffnet uns eine unbekümmerte Sicht der Dinge und hilft uns, Erfahrungen nicht als Bedrohungen, sondern als Herausforderungen zu sehen. Außerdem verbindet uns Humor mit anderen und wirkt ansteckend. Wer lacht, bringt oft auch seine Mitmenschen zum Lachen und trägt so zu positiven Gefühlen und Optimismus bei anderen bei. Ich stelle Ihnen jetzt die acht Vorteile des Lachens vor.

Wer lacht, verschiebt den Akzent.

1. IHRE ZUKUNFT LACHT IHNEN ZU

Anhand der gemessenen Intensität des Lachens auf Hochzeitfotos gelingt es Wissenschaftlern, die Erfolgsaussichten auf eine gute Ehe einzuschätzen. Mit genauen Computeranalysen untersuchte *Dacher Keltner* von der Universität von Kalifornien 44 verschiedene Merkmale von Gesichtsausdrücken auf dreißig Jahre alten Fotos von Frauen, die damals 21 Jahre alt gewesen waren. Er konnte auf diesen Fotos »ein echtes Lachen« von einem falschen unterscheiden. Im Bezug zu ihrer späteren Situation bemerkte er gravierende Unterschiede. Die Frauen, die auf den Fotos aufrichtig und strahlend lachten, sind wesentlich glücklicher geworden und haben oft auch einen glücklichen Partner.

2. LACHEN SIE SICH GESUND

»Lachende und optimistische Menschen sind einfach gesünder«, behauptet *Christopher Peterson* von der Universität von Michigan. Seit über zwanzig Jahren erforscht er die Beziehung zwischen Optimismus und Gesundheit. »Optimisten haben ein stärkeres Immunsystem, werden nicht so leicht krank, schneller wieder gesund und leben beträchtlich länger. Das haben zahlreiche Studien gezeigt.« Menschen, die oft lachen, verfügen über einen stabilen Kreislauf und eine bessere Atmung.

3. LACHEN SCHÜTZT SIE

Wer lacht, sendet das Signal aus, dass er keine Bedrohung darstellt. Das erste, was wir sehen, wenn jemand ein Zimmer betritt, ist sein Lachen (oder sein ernstes Gesicht). Wer lacht, sorgt dafür, dass andere sich in seiner Gesellschaft wohlfühlen.

4. EIN SÜSSES LÄCHELN TUT GUT

In lachende Gesichter zu blicken, hat laut *Nigel Carter* von *The British Dental Health Foundation* eine ähnlich stimulierende Wirkung wie der Verzehr von Schokolade.

5. LACHEN STECKT AN

Genau wie ein Gähnen übernimmt man unbewusst auch das Lachen anderer. Wir sind wandelnde Spiegel des Verhaltens unseres Gegenübers. Je mehr Sie lachen, desto mehr lacht auch Ihr Umfeld. Der amerikanische Philosoph *David Lewis* meint: »Wenn wir jemanden lachen sehen, entsteht ein Halo-Effekt. Wir denken dadurch leichter an die angenehmen Dinge unseres Lebens. Es motiviert uns.« Und Sie tun auch noch etwas für die Welt: »Was die Sonne für die Natur ist, ist ein Lächeln für die Menschheit.« (*Joseph Addison*)

6. LACHEN SIE SICH REICH

Lachen ist eine ökonomisch vernünftige Investition. Es ist eine der wenigen Handlungen, die nichts kosten und dennoch sehr viel einbringen. Es bereichert den Empfänger, ohne den Absender ärmer zu machen. Lächelnde Verkäufer und Unternehmer sind erfolgreicher.

Lachende Menschen findet man einfach schöner. Es ist daher auch die preisgünstige Form der Schönheitspflege.

7. LACHEN SIE DEN STRESS EINFACH WEG

Sie merken es ja selbst, wenn sie ins Stolpern geraten oder sich ungeschickt anstellen: ein kurzes Lachen und der Stress ist wie weggeblasen. Den Kopf in den Nacken werfen und das Kinn nach oben recken, sorgt für eine spontane Reaktion der Gesichtsmuskeln, die dem Lachen gleicht. Und es kostet beträchtlich weniger Mühe, als die Mundwinkel nach unten zu ziehen oder die Stirn zu runzeln.

8. NUTZEN SIE EINE NATÜRLICHE DROGE

Sie brauchen keine Pillen zu schlucken. Wer lacht, erhöht damit unmittelbar den Serotoninspiegel im Gehirn. Er ist maßgeblich für unsere Stimmung, unseren Schlaf, unseren Appetit und unser sexuelles Lustempfinden. Auch der natürliche Schmerzstiller, der in Endorphinen enthalten ist, wird freigesetzt, wenn wir lachen. Lachen hat auf unseren Körper und unser Gehirn eine ähnliche Wirkung wie Laufen, Massage, Meditation, Tanzen, Singen oder Musik. Fangen Sie schon morgens vor dem Spiegel damit an. Schaffen Sie es, über den Tag verteilt fünfzig Mal zu lachen? Man kann ja nie zu viel lachen, nur manchmal im falschen Moment.

Machen Sie sich auf die Suche nach Humor. Leihen Sie sich Komödien aus, schauen Sie sich lustige Fernsehserien an, gehen Sie ins Theater oder in den Zirkus. Lachen Sie, wenn Ihnen jemand einen Witz erzählt. Da Lachen ansteckend ist, hebt es in Gesellschaft die Stimmung. Trauen Sie sich, über sich selbst zu lachen. Wenn Sie sich irgendwann einmal in einer schlimmen Lage befinden, überlegen Sie sich, wie Sie das Ihren Freunden so schildern könnten, dass sie sich vor Lachen den Bauch halten. Mittlerweise hat man erkannt, dass auch vorgetäuschtes Lachen einen positiven Effekt haben kann. Wer die Mundwinkel nur ein wenig anhebt, fühlt sich schon besser. Und ein echtes Lachen? Das ist das reinste Vergnügen.

IST DAS ETWA LUSTIG?

Lachen hat nur wenig mit Humor zu tun. Das meint jedenfalls Robert R. Provine von der Universität von Maryland. Er ist Neurobiologe und Psychologe und gilt als Lachexperte. Er hat herausgefunden, dass

Lachen nur zu zehn bis fünfzehn Prozent mit etwas Witzigem zu tun hat. Ein Lachen stellt sich meist bei völlig normalen Gesprächen ein. So werden Fragen wie »Bist du sicher?« und Sätze wie »Bis zum nächsten Mal!« häufig von einem Lächeln begleitet. Wer spricht, lacht öfter als jemand, der zuhört, und der Zuhörer wartet mit seinem Lachen meist sehr höflich, bis der Sprecher seinen Satz beendet hat. Provine zufolge lachen wir vor allem, um ein soziales Band zu schaffen. Sind wir allein, lachen wir dreißig Mal weniger als in Gesellschaft. Und oft lachen wir bei einem Witz, obwohl wir ihn gar nicht lustig finden. Psychologen, die das Verhalten von Bowlingspielern untersucht hatten, konnten feststellen, dass diese nie während eines Strikes lachten, sondern erst, wenn sie sich zu ihren Mitspielern umdrehten.

EIN ORT FÜR DEN KUMMER

»Are we ready for some fun? You and me and everyone. This is the happy, happy, happy song. We gonna sing it all night long. This is the happy, happy, happy song. So let's smile. This is the happiest song in the world ...« Dies ist der Text des so genannten »glücklichsten Liedes der Welt«. Ich weiß nicht, wie es Ihnen dabei geht, ich jedenfalls werde bei Texten dieser Art immer nur trübsinnig. Genau wie bei heiteren Weihnachtsliedern, die durch die Fußgängerzonen schallen, oder den Sommerhits am Strand.

Überall auf der Welt stehen die Chancen gut, dass in einem Buch oder neben einem Artikel über Glück ein kleiner gelber Kreis abgebildet ist, der mit zwei Punkten, einem Strich und einem Bogen daherkommt: Das universelle und allseits bekannte *Smiley* ist zum Symbol des Glücks geworden. In Emails und SMS signalisiert dieses Emoticon, ob man glücklich ist. Der Bogen nach oben oder nach unten macht den Unterschied. Ein Knopfdruck und das Lächeln wird zur Flunsch. Es mag bei einem Optimisten wie mir vielleicht paradox erscheinen, aber ich bin auf die Smileys richtig allergisch. Dieses einfältig lachende gelbe Ding erinnert mich zu sehr an die Logos von Marken wie Nike oder Danone. Wer lacht, will etwas verkaufen. Werbeprospekte zeigen uns Uhren, die »zufälligerweise« immer auf zehn nach zehn stehen, denn so bilden der große und der kleine Zeiger ein schönes gleichmäßiges Lächeln, das wir als solches wiedererkennen. Würden wir die Luxusuhr auch kaufen, wenn sie missmutig auf zwanzig nach sieben stünde? Doch jede Uhr steht nur zwei Mal am Tag für eine Minute auf zehn nach zehn und 1438 Minuten auf einer weniger lächelnden Zeit. **Wer pausenlos lachen muss, fühlt sich schrecklich.**

Offensichtlich leben wir mittlerweile in einer Zeit, in der man immerzu glücklich sein »muss«. Wir tragen diese Last permanent mit uns herum. Wer nicht glücklich ist, ist selbst schuld. Der neuseeländische Wissenschaftler *Grant Duncan* erklärt, dass wir den Gedanken vom »Recht auf Glück« langsam fallen lassen sollten, ebenso wie unsere »Pflicht zum Glücklichsein«. Er plädiert für *the right to sadness* (»das Recht auf Traurigkeit«). Seine Erklärung spricht mich an. Wir sollen uns von dem sozialen Zwang, glücklich zu sein, befreien. Glück ist wünschenswert, aber keine Pflicht. Melancholie und Niedergeschlagenheit sind normale und gesunde Emotionen. Natürlich kann anhaltende, tiefgehende und grundlose Niedergeschlagenheit ein Zeichen für eine Depression sein, für deren Behandlung man sich Hilfe suchen sollte. Aber lassen Sie uns hier über die kreative und gesunde Seite der normalen Traurigkeit sprechen.

Glück ist wünschenswert, aber keine Pflicht.

Zwei Personen haben ihre Tochter bei einem Autounfall verloren. Seit über fünfzehn Jahren gehen sie jeden Morgen auf den Friedhof. Ich frage die beiden: »Wird die Trauer irgendwann vorbei sein?« Sie antworten: »Trauer hört nie auf.« Sie erzählen mir, dass sie jeden Morgen zu ihrer Tochter gehen und mit ihr sprechen, manchmal lange, manchmal kurz. Das gibt ihrer Trauer einen Ort. Danach schließen sie die Friedhofspforte und nehmen ihr Leben wieder auf. Bis zum nächsten Morgen. Ohne es zu wissen, wenden sie die psychologische Methode der *worry goat* an. Sie besteht darin, dass man sich eine virtuelle Ziege anschafft. Eine eigene Sorgenziege. Man besucht sie Tag für Tag, füttert sie und erzählt ihr seinen Kummer und seine Sorgen. Dann macht man das Gatter wieder zu und sagt: »Bis morgen«. Und danach wendet man sich wieder anderen Dingen zu, fährt Rad, geht einkaufen, unterhält sich mit den Nachbarn. Damit gibt man seinem Kummer und seiner Sorge einen Ort. Manchmal genügt es aber auch, gute Absprachen zu treffen. Sie können zum Beispiel bei einer Verabredung mit Freunden oder Verwandten absprechen, dass Sie mit ihnen in den ersten zwanzig Minuten über ihren großen Schmerz reden möchten. Aber damit soll es dann aber auch sein Bewenden haben. Sie können nicht in einer Welt leben, in der jedes Gespräch, jede Minute und jede Bewegung von Ihrem großen Kummer geprägt ist. Geben Sie ihm einen eigenen Ort.

Sprechen Sie darüber. Aber lassen Sie ihn nicht jede Sekunde Ihres Lebens und das der anderen beherrschen.

Ich bin auf eine Tasse Kaffee bei Eltern zu Besuch, deren Tochter nach einer Party auf dem Nachhauseweg ermordet wurde. Wir reden über alles, was damals passiert ist, und dass das Leben nie mehr so sein wird, wie es einmal war. Was bleibt, sind Trauer und Wut. Doch diesen beiden Menschen ist es gelungen, ihren tiefsten Schmerz in positive Energie umzuwandeln. Sie waren zuvor kaum ins Ausland gereist, doch ihre Tochter hatte davon geträumt, Entwicklungshelferin zu werden. Jetzt verwirklichen die Eltern diesen Traum. Sie fahren nach Kenia und setzen alles daran, in Dörfern, in denen sonst nur Trockenheit herrscht, Wasserlöcher zu bohren. Sie haben nicht nur ihrer Trauer auf ihre eigene Weise einen Ort gegeben, sie haben es zudem geschafft, sich für ein ausgesprochen positives Projekt einzusetzen, das nicht nur ihrem Leben wieder Sinn gibt, sondern auch Kindern, die sie vorher gar nicht gekannt hatten, wieder Hoffnung vermittelt. Sie versuchen den Mut aufzubringen glücklich zu sein. Es ist nicht einfach, aber es ist möglich.

DAS ABC BEI MISSERFOLG UND UNGLÜCK

Vor allem dann, wenn einem nichts gelingen will, macht es einen Unterschied ob man dafür eine optimistische oder eine pessimistische Erklärung findet. Optimismus ist keine »Pille danach«, die man einnimmt, wenn man sich plötzlich mit einem Unglück oder einem Misserfolg konfrontiert sieht. Er kennzeichnet vielmehr eine Lebenseinstellung, die sich man sich mit Zeit, Geduld und Ausdauer aneignen kann.

Es gibt größere und kleinere Misserfolge oder Unglücksfälle: Man verliert seine Arbeit, die Kinder mosern den ganzen Tag herum, der Zug ist einem vor der Nase weggefahren oder es regnet im Urlaub wie aus Eimern. Der Psychologe *Albert Ellis* hat hierfür die so genannte ABC-Theorie entwickelt.

- A steht für *activating event*, ein Ereignis oder einen Rückschlag.
- B steht für *beliefs*, die Bewertung dieses Ereignisses.
- C steht für *consequences*, unsere Reaktionen auf das Ereignis und seine Bewertung.

Unsere Reaktionen auf ein negatives Ereignis folgen nicht unmittelbar darauf, sie sind das Resultat unserer Bewertung dieses Ereignisses.

Ein einfaches Beispiel: Eine Frau bittet ihren Partner, das Bett zu beziehen, bevor sie nach Hause kommt. Als sie eintrifft, stellt sie fest, dass er es vergessen hat. Sie glaubt nun, er habe es vergessen, weil sie ihm nicht wichtig genug sei. Diesen Gedanken hatte sie schon häufiger, und dass er nun vergessen hat, das Bett zu beziehen, sieht sie als einen weiteren Beweis dafür. Es macht sie traurig und sie wirft ihm vor, dass er sie nicht mehr liebe. Der Abend ist ruiniert. Hier ist das ABC am Werk. Das negative Ereignis besteht darin, dass er vergessen hatte, das Bett zu beziehen. Ihre Bewertung davon ist, dass sie ihm nicht mehr wichtig ist. Als Folge ergibt sich, dass sie traurig ist und seine Gesellschaft nicht mehr erträgt.

Sie könnte auch ganz anders reagieren. Sie könnte sich überlegen, dass er viel um die Ohren hatte und für solch eine Aktion zu müde war. Das Problem liegt in ihrer Bewertung. Sie könnte ja auch nach Hause kommen, ihn fragen, wie sein Arbeitstag war, dann mit ihm gemeinsam das Bett beziehen und sich einen schönen Abend machen. Die Konsequenz sähe dann natürlich vollkommen anders aus, da in diesem Fall ihre Bewertung einen anderen Lösungsansatz ermöglichte. Wie kann man lernen, einem negativen Ereignis auf diese Weise zu begegnen? Machen Sie sich bewusst, wie Sie gewöhnlich vorgehen, und hinterfragen Sie Ihr Handeln kritisch. Rücken Sie Ihre Art zu denken in ein neues Licht. Eigentlich geht es dabei um eine Art inneren Dialogs.

Rücken Sie Ihre Art zu Denken in ein neues Licht.

- Testen Sie sich. Erinnern Sie sich an einen kleines Missgeschick. Schildern Sie ganz konkret, um was es ging.

....

....

....

....

....

- Wie haben Sie darauf reagiert?

....

....

....

....

....

- Was haben Sie gedacht?

- Welche Konsequenzen ergaben sich daraus?

- Ging es letztlich gut für Sie aus oder endete es in einer Sackgasse?

- Was hat das ABC bei Ihnen bewirkt?

- Könnten Sie es auch in eine andere Richtung lenken?

Es geht hier um Ihren eigenen inneren Dialog, der oft sehr subtil vor sich geht. Man wendet sich sehr rasch vom Missgeschick den Konsequenzen zu, ohne über die dazwischen ablaufende Bewertung nachzudenken. Erinnern Sie sich an fünf missliche Situationen und an Ihre

Reaktionen darauf. Erkennen Sie ein Muster? Es ist nicht das Ereignis, das Ihnen ein negatives Gefühl gibt, sondern Ihre Bewertung, der Blickwinkel, aus dem Sie die Dinge betrachten. Diese Bewertung löst starke Emotionen aus. Finden Sie heraus, welche Gefühle durch Ihre Bewertungen entstehen:

- Angst. Fühlen Sie sich schnell von dem, was auf Sie zukommt, bedroht? Kann es sein, dass Sie fürchten, Ihr Partner könnte Sie verlassen? Dann wird das nicht gemachte Bett mit dieser Furcht in eine enge Verbindung gebracht.
- Schüchternheit. Trauen Sie sich um Dinge zu bitten, die Ihnen wichtig sind?
- Zorn. Sie sind schnell der Meinung, dass Ihre Rechte verletzt werden oder man Ihnen zu wenig Respekt entgegenbringt. Das nicht bezogene Bett wird so zu etwas Unerhörtem aufgebauscht.
- Schuld. Oder meinen Sie, Sie treten die Rechte anderer mit Füßen? »Hätte ich ihn überhaupt darum bitten dürfen?«
- Traurigkeit. Sie sind schnell in Ihrem Selbstwertgefühl verletzt. »Siehst du, er liebt mich nicht.«

Um Optimist zu werden, müssen Sie sich zunächst bewusst werden, wie Sie sich die Dinge, die Ihnen widerfahren, üblicherweise erklären. Analysieren Sie genau, was eigentlich geschehen ist (das Ereignis), was Ihnen dabei durch den Kopf gegangen ist (die Bewertung) und welche Konsequenzen das für Ihre Gefühle und Ihr Handeln (die Folgen) hatte. Erst wenn Sie sich Ihrer eigenen Einstellung und Ihrer Interpretationsweise bewusst sind, können Sie diese in Richtung eines positiven Denkens verändern.

DIE FARBE UNSERES LEBENS

Eine Frau mit buntem Schal spricht mich an: »Ich bin schon zum zweiten Mal bei einem Ihrer Vorträge und habe Sie jedes Mal davor und danach beobachtet. Sie reden die ganze Zeit über Glück, sehen selbst aber so wehmütig aus …« Das erschreckt mich ein wenig und ich versuche mich herauszureden: »Sie wissen ja, Wehmut ist das Lächeln der Seele.« Aber sie hat gleich eine Antwort darauf parat: »Sie sollten einmal an einem Workshop über Farbpsychologie teilnehmen«, sagt sie. »Die Farbe ihres Hemds passt nicht zu ihrem Teint.«

Ich fürchte, mit der Farbpsychologie in die Welt der Handleser und Ohrkerzenanzünder zu geraten. Allerdings gibt es auch seriöse Ratschläge zu diesem Thema: Die Firma *The Image Company of Business*

Colour hat Hinweise für Geschäftsleute erarbeitet. Zum Beispiel wird dort empfohlen, niemals in einem beigen Anzug nach einer Gehaltserhöhung zu fragen. Beige scheint die typische Farbe für Menschen zu sein, die bereit sind, ihre Interessen zurückzustellen. Rot ist wiederum zu auffallend und aggressiv, eignet sich aber gut für knallharte Verhandlungen. Schwarz gibt einem einen kreativen, aber auch etwas distanzierten Look. Bewerben sollte man sich am Besten in Dunkelblau oder Grau, das wirkt zuverlässig und sachlich. Je mehr Kontraste in den Kleiderfarben eines Mannes vorkommen, desto dominanter erscheint er.

Manche halten Farbpsychologie für unglaubwürdig, andere entwickeln daraus eine Therapie mit Heilwirkung: die Chromotherapie. Chinesen, Ägypter und Inder beschäftigen sich übrigens schon seit Jahrhunderten mit diesem Phänomen. Farbexperimente haben ergeben, dass Patienten mit psychischen Problemen eine starke Vorliebe für bestimmte Farben haben. Aggression geht oft mit der Farbe Rot einher. Alzheimerpatienten entscheiden sich meist für Grün. Schüchterne Menschen bevorzugen Pastellfarben, Extrovertierte mögen eher helle Töne. Aber genau wie beim Regenbogen gilt auch hier: Es existieren jede Menge Farben, Nuancen, Akzente und Kontraste.

Es gibt einen Unterschied zwischen Farbsymbolik und Farbpsychologie. Symbole unterscheiden sich von Kultur zu Kultur und entwickeln sich mit der Zeit weiter. So ist Schwarz in einigen Ländern ein Zeichen für Trauer und Tod, in anderen Kulturen ist es dagegen eher die Farbe Weiß. Und ehe man sich versieht, ist man schon mittendrin in der »Farbologie«: bei Farben für Sonnen- und Sternzeichen, die unser Verhalten und unser Schicksal bestimmen. Das ist nichts für mich. Die Farbpsychologie jedoch geht davon aus, dass ein Zusammenhang zwischen den Farben, für die wir uns entscheiden, und den Wesensmerkmalen unserer Persönlichkeit besteht. Die Farben sagen uns, wer wir sind und wie wir uns fühlen. **Farben drücken Gefühle aus und rufen Emotionen hervor.** Experimentalpsychologen haben bereits ein reiches Spektrum an verlässlichen Resultaten gesammelt. Und die sehen ganz anders aus, als man aufgrund der symbolischen Bedeutungen von Farben vermuten könnte.

Fragt man beispielsweise Mitteleuropäer, wofür die Farbe Rot steht, antworten 82 Prozent: »für Wärme, Leidenschaft, Liebe und Glück.« Tatsächlich aber weckt diese Farbe vor allem auch Angst und führt zu negativen Verhaltensweisen, meint *Andrew J. Elliot* von der Universität von Rochester. Wir müssen an roten Ampeln stehen bleiben, und wir sollten besser die Finger von roten Knöpfen und Schaltern lassen. Ein

IQ-Test, der in einer roten Mappe angeboten wird, führt zu schlechteren Ergebnissen als ein Test, der in einer grünen oder neutralen Mappe steckt.

Für *Eine Schatzkiste voll Glück* habe ich 104 konkrete Glückstipps auf 52 Karten notiert. Von den Gestaltern kam die Idee, diesen Karten zwei verschiedenen Farben zu geben: blau und rot, vollkommen willkürlich. Dennoch meint jeder, dass die roten Karten die schwierigen Aufgaben enthalten und die blauen die leichten …

Schon das kleinste bisschen Rot genügt unserem Gehirn, um Gefahr zu wittern. Das beeinflusst unsere Motivation. Studenten, denen Aufgaben in Rot gestellt werden, erreichen wesentlich schlechtere Resultate als ihre Kommilitonen. Elliot zieht das Fazit, dass Farben uns subtil manipulieren und unser Verhalten gravierend beeinflussen. Mitarbeiter beispielsweise lösen Probleme kreativer, wenn sie an einem Computer mit blauem Hintergrund arbeiten. Korrektoren hingegen entdecken wesentlich mehr Fehler, wenn sie einen Text vor einem roten Hintergrund bearbeiten. *Nature & Science* berichtete, dass Fußballmannschaften, die in roten Trikots spielten, bei Europameisterschaften oft besser abschnitten als andere Teams und dass Fechter in roter Sportkleidung bei Olympischen Spielen in vier verschiedenen Disziplinen erfolgreicher auftraten als ihre Gegner in blauem Dress.

Man weiß heute dass Farben das Verhalten und die Stimmung von Menschen beeinflussen können. Weil es sich dabei jedoch um subjektive Erfahrungswerte handelt, die nicht auf alle Menschen zutreffen, können wir im Folgenden nur Durchschnittswerte anführen. **Welche Farben stimulieren im Allgemeinen Wohlbefinden, Optimismus und Glück?** Rot ist warm, aber sehr dominant. Man kann es meist nur in geringen Mengen ertragen. Rotbraun wirkt beruhigend. Orange und Gelb verleihen uns ein festliches, sonniges und heiteres Gefühl. Es ist kein Zufall, dass die Smileys überall auf der Welt gelb sind. Große Flächen in Orange oder Gelb wirken aber auch abstoßend. Grün, eine beruhigende Farbe, wird für alle Arten von Sicherheitssignalen eingesetzt. Blau ist sachlich und kühl und strahlt Sicherheit aus. Es kann aber auch starr und frostig erscheinen. Es hängt viel von der richtigen Dosierung ab, von den Formen, dem Licht, den Kombinationen usw. Und welche Farben verbindet man mit Optimismus? Gelb und Orange. Sie sorgen auch in Blumensträußen für fröhliche Farbtupfer. Personen, deren Lieblingsfarbe gelb ist, sind meist locker und lebenslustig (was allerdings auch zu Oberflächlichkeit führen kann). **Der Spitzenreiter unter**

Es ist kein Zufall, dass die Smileys überall auf der Welt gelb sind.

den optimistischen Farben ist allerdings Scharlachrot. Dieser Farbton changiert zwischen Rot und Orange. Rot hat ja eigentlich etwas Aggressives und Dominantes. Eine extreme Vorliebe für Feuerrot kann auf ein großes Aufmerksamkeitsbedürfnis oder sogar auf einen regelrechten (Selbst-)Zerstörungsdrang hindeuten. Scharlachrot oder Orangerot wird hingegen eher von besonders aktiven, temperamentvollen, kämpferischen und extrovertierten Menschen gewählt. Sie strahlen Wärme, Leidenschaft, Sinnlichkeit und Intensität aus. Sie wollen zwar auch gesehen werden, aber nicht indem sie Macht ausüben, sondern indem sie vorangehen. Ihnen liegt daran, die Welt zu erkunden, die Erde urbar zu machen und neue Erfahrungen zu sammeln. Im besten Falle sind es angenehme, mutige und begeisterungsfähige Menschen. Übertreiben sie es aber, werden sie leicht selbstherrlich, übermütig, zügellos, störrisch und unverschämt. Wer allerdings zu wenig Scharlach im Blut hat, hat Probleme im Umgang mit anderen, ist gleichgültig und distanziert.

DER VIERFARBENMENSCH

Rot, Blau, Gelb und Grün. Ordnen Sie diese Farben nach Ihren Vorlieben. Und schon haben Sie ein vereinfachtes persönliches Farbprofil erstellt.

Manchmal wird ein solcher Test in einem Vorstellungsgespräch eingesetzt. Was fangen die Experten mit den Antworten an? Die Farbe, die bei Ihnen auf Platz eins steht, zeigt, wie Sie sich meistens fühlen und wie Sie die Dinge angehen. Rot steht für Initiative und Bewegung, Blau für Reflexionsvermögen und Vernunft, Gelb für Kreativität und Grün für Besonnenheit und Ruhe. Und jetzt fügen Sie die zweite Wahl hinzu. Sie sagt etwas darüber aus, wonach Sie streben. Haben Sie sich etwa für Rot-Blau entschieden, handeln Sie meist, ohne vorher nachzudenken. Die Kombination Blau-Rot besagt das Gegenteil: Sie unternehmen erst etwas nach reiflicher Überlegung. Gibt man »gelben« Menschen einen Auftrag, fangen Sie gleich an, Ideen zu sammeln, »grüne« Menschen setzen sich erst einmal auf aufs Sofa, »blaue« Menschen denken nach und beraten sich, »rote« Menschen stürzen sich begeistert in die Arbeit. Nach diesem Prinzip funktionieren die meisten Farbtests.

Der bekannteste und weltweit gebräuchlichste Farbtest wurde von dem Schweizer Psychologen Max Lüscher entwickelt. Da hier die Wahl einer Farbe unbewusst geschieht, vermittelt dieser Text seiner Ansicht nach ein korrekteres Bild einer Person als eine Frageliste oder eine Umfrage. Denn in den Antworten darauf schildert man vor allem, wie man sich selbst sieht oder gerne gesehen werden will. Lüscher setzte zu Beginn seiner Laufbahn noch auf acht Farben, doch in seinem Buch Der 4-Farben-Mensch gelingt es ihm, uns ausschließlich anhand der Farben Rot, Gelb, Blau und Grün zu ergründen. Der Farbfernseher schafft das sogar mit nur drei Farben.

ESSEN SIE SICH GLÜCKLICH

»Der Mensch ist, was er isst.« Wer sich nicht wohlfühlt, weiß, dass eine Tasse Kaffee, ein Stück Schokolade, ein Gläschen Alkohol oder eine Tüte Chips trösten. Das Problem ist nur: All das ist furchtbar ungesund und hilft uns nur für kurze Zeit. Außerdem machen diese Genussmittel süchtig, schon bald braucht man mehr davon, um dasselbe Gefühl zu erreichen. **Wir essen uns von Downs zu Ups-and-Downs**. Wir alle wissen, dass sich einige Nahrungsmittel auf unser Gemüt auswirken. Wenn es uns gelingt, die positiven Effekte, die ungesunde Ernährung bewirken kann, durch gesunde Ernährung hervorzurufen, schlagen wir zwei Fliegen mit einer Klappe: Wir essen uns glücklich.

Der wichtigste glücksfördernde Neurotransmitter im menschlichen Gehirn ist wohl Serotonin. Bei einem hohen Serotoninspiegelt fühlen wir uns gut, schlafen ruhig, haben ein gutes Gedächtnis und einen gesunden Appetit. Außerdem hält Serotonin unsere Körpertemperatur konstant und den Blutdruck unter Kontrolle. Ein niedriger Serotoninspiegel sorgt für Unruhe, schlechten Schlaf und eine größere Schmerzempfindlichkeit. Wer zu viel Serotonin produziert, fühlt sich euphorisch, wer zu wenig erzeugt, wird aggressiv oder depressiv. Eine große Zahl von Antidepressiva wirkt so, dass sich der Serotoningehalt in unserem Gehirn erhöht, um damit das innere Gleichgewicht wiederherzustellen.

Gesunde Kost ist immer ausgewogen und variantenreich. Auch wenn Bananen sehr viel Serotonin enthalten, niemand würde glücklicher, wenn er den ganzen Tag über nichts anderes als Bananen zu sich nähme. Aber gibt es denn überhaupt eine Glücksdiät?

Jede Suchmaschine, die man auf die Begriffe *Happiness* und *Meals* ansetzt, katapultiert einen in die Welt von McDonald's. *McWorld is the free virtual world for kids. It's a kid's world where kids rule. Play games, create your avatar, go on quests, earn smarts ...*« Die bekannteste Mahlzeit der Welt heißt *Happy Meal* und besteht aus einem Hamburger, einer Portion Pommes, Ketchup oder Mayonnaise und einem Erfrischungsgetränk. Das Angebot richtet sich speziell an Kinder, Verpackung und beigelegtes Spielzeug sind hier unverzichtbar. Man wird davon dicker und vielleicht sogar ein paar Minuten froher, aber es ist äußerst fraglich, ob man von einem *Happy Meal* auch gesünder und glücklicher wird. Was gehört in ein echtes *Happy Meal*?

Die Werbung verspricht mit strahlendem Lächeln, dass der Kick von Energydrinks und XXL-Schokoladenriegeln glücklich mache. Koffein hat tatsächlich eine stimulierende Wirkung, weil es das natürliche Betäubungsmittel Adenosin im menschlichen Körper zeitweise blockiert. **Koffein hält unseren Körper einfach kurz zum Narren.** Wer übermäßig viel Kaffee trinkt, leidet häufiger unter Kopfschmerzen, seelischen Schwankungen, Depressionen und Angstzuständen. Und wer seinen Koffeinkonsum abzubauen versucht, dem geht es ähnlich. Grüner Tee scheint das noch am wenigsten gefährliche koffeinhaltige Getränk zu sein. Alkohol hemmt das zentrale Nervensystem. Ein Glas ist nicht schlimm, aber dabei sollte es auch bleiben.

Die Nahrung, die wir zu uns nehmen, beeinflusst die Chemie unseres Gehirns und dadurch auch unsere Gefühlslage. **Über das, was Sie essen, können Sie sich einen Weg zu glücklichen oder zu unglücklichen Gefühlen bahnen**. Wählen Sie daher am besten gesunde Nahrungsmittel aus, die Ihr Glücksgefühl nachhaltig steigern. Hier folgt nun eine Aufzählung der zwanzig meistgenannten Nahrungsmittel mit einer positiven Wirkung: brauner Reis, Spinat, Petersilie, Erdbeeren, Orangensaft, Knoblauch, Sonnenblumenkerne, Sesam, Blumenkohl, Bananen, Wassermelonen, Sellerie, Spargel, Brokkoli, Muscheln, Sardinen, Austern, Nüsse, Thunfisch, Soja. Sie alle enthalten Elemente, die unsere Energie, unser Gedächtnis und unsere Gemütslage positiv beeinflussen können.

Dies sind natürlich allgemeine Erkenntnisse, doch was für den Einen gut ist, muss es für den Anderen noch lange nicht sein. Wenn Sie Ihre mentale Gesundheit verbessern möchten und vermuten, dass Ihre Essgewohnheiten großen Einfluss darauf haben, kann es hilfreich sein, ein Tagebuch zu führen und darin zu notieren, was Sie essen und trinken und wie Sie sich dabei fühlen. Auch eine abwechslungsreiche Ernährungsweise kann vorteilhaft sein. Streichen Sie einfach einige Nahrungsmittel für eine oder zwei Wochen von Ihrem Speiseplan und beobachten Sie, was mit Ihnen geschieht. Abwechslung ist immer ein guter Tipp.

Hunger ist der schlechteste Koch. Wer regelmäßig eine Mahlzeit auslässt, senkt den Serotoninspiegel im Gehirn und trifft unüberlegtere Entscheidungen, weil Serotonin dazu beiträgt, impulsives und leichtsinniges Verhalten unter Kontrolle zu halten. Wichtige Entscheidungen sollten Sie also besser mit vollem als mit leerem Magen treffen. Verschiedene Studien mit Jugendlichen und mit Straftätern haben ergeben, dass Serotonin Aggressionen hemmt und sozialere Entscheidungen befördert. Wissenschaftler wie *William Walsh* haben ausführlich dargelegt, dass sich Delinquenz und Verhaltensstörungen durch ausgeklügelte Ernährungstherapien ohne zusätzliche Medikation effizient behandeln lassen.

Hunger ist der schlechteste Koch.

Und dann gibt es noch den sozialen Aspekt. Essen ist nicht zuletzt auch ein Vergnügen. Ein köstliches Mahl genießen wir besonders gern in guter Gesellschaft. Für Freunde zu kochen und gemeinsam zu essen, trägt zu einem glücklicheren Leben bei. Serotonin hin oder her. Sich die Zeit zum Kochen zu nehmen, macht uns einfach glücklicher als alles, was uns die Werbung für den schnellen Imbiss vorgaukelt. Übrigens: Auch Sonnenlicht trägt zu einem höheren Serotoningehalt in unserem Körper bei. Und das erklärt wiederum, warum wir uns bei einem Picknick, einem Essen auf der Terrasse oder einem Grillabend so wohlfühlen.

DER PREIS EINES GUTEN TAGS

Ich spaziere durch die Stadt und zähle, wie oft mein schlichtes »Guten Tag« erwidert wird. Drei Mal in einer halben Stunde. Schließlich setze ich mich auf eine Bank. Neben mir sitzen zwei Touristen aus Südamerika. Sie wünschen mir von sich aus sofort einen »Guten Tag«. Ich erzähle ihnen von meinem kleinen Experiment und der Erkenntnis, wie selten man sich bei uns gegenseitig grüßt. Die Südländer bestätigen meine Beobachtung und es kommt zu einem herzlichen Gespräch. Uns gegenseitig nachdrücklich grüßend verabschieden wir uns voneinander.

In Flandern wird schon seit Jahren die »Woche des Guten Tags« begangen, und zwar deshalb, weil nach unserer festen Überzeugung das Glück manchmal in den kleinen Dingen des Lebens steckt. Das Wenigste, was Menschen tun können, ist, ein Zeichen zu geben, dass sie einander gesehen haben. In den Nachbarländern von Belgien gelingt dies den Menschen etwas besser. In manchen Regionen küssen oder Umarmen sich Nachbarn und Kollegen sogar allmorgendlich. Wer in einem großen Geschäftsgebäude arbeitet, wird wissen, dass es dort schon etwas Besonderes ist, wenn man sich im Aufzug oder in den Gängen überhaupt kurz zunickt. Wünscht man jemandem einen Guten Tag, schafft man auf ein-

fache Art eine Atmosphäre der Sicherheit, der Anerkennung und des Vertrauens. Und das möchte man in Flandern mit der »Woche des Guten Tags« erreichen. Beim ersten Mal haben Sponsoren diese Woche mit 25.000 Euro unterstützt, doch damit kommt man nicht weit. Deshalb haben wir eine Möglichkeit gesucht, diese Woche gratis zu bewerben. Wir wollten das Sponsorengeld einfach dem erstbesten Passanten in die Hand drücken, der in einem per Los ermittelten Zeitpunkt und Ort unserem anonymen Jurymitglied einen Guten Tag wünschte. Wir haben die nationale und sogar internationale Presse dafür gewinnen können. Darum ging es natürlich auch. Wir haben uns im Stillen erhofft, dass eine kontroverse Diskussion über den Umgang miteinander entstehen würde und Kolumnisten, Blogger und andere Leute anprangern würden, dass man »heutzutage sogar jemandem Geld versprechen muss, damit er einem »Guten Tag« sagt. Und so kam es auch. Gut so.

Ein anderes Mal haben wir Jurymitglieder in alle belgischen Provinzen geschickt. Sie sollten jeden Tag hundert 50-Euroscheine an grüßende Mitmenschen verteilen. Die regionalen Fernsehsender haben die Aktion verfolgt. Die interessanteste Feststellung war, dass es unserer Jury an keinem Tag gelungen ist, ihr Geld restlos auszugeben. Denn höchstens dreißig oder vierzig Leute haben ihnen einen Guten Tag gewünscht. So blieb jeden Tag etwas Geld übrig …

In einem anderen Jahr bekam die vollkommen überraschte Wendy S. auf dem Marktplatz ihres Dorfes einen Scheck über fünfhundert Euro überreicht. Unser zu diesem Zweck herumstehendes Jurymitglied hatte ihr zugenickt, woraufhin sie ihm mit einem freundlichen »Guten Tag« begrüßt hatte. Wir hatten dort schon über zwei Stunden mit unseren versteckten Kameras gestanden. Wendy erzählte später lachend in den Nachrichten, dass sie eigentlich immer Guten Tag sagt. Alle waren zufrieden. Bis wir drei Wochen später eine böse E-Mail von Wendy erhielten. Sie hatte das Geld noch immer nicht erhalten. Das hatte ihr überhaupt nicht gefallen. Sie hätte es ja wissen müssen, schrieb sie, dass wir eine miese Organisation seien, und sie würde nicht zögern, sich an die Presse zu wenden, um die Leute vor solchen Gaunern wie uns zu warnen. Ich musste mich erst einmal hinsetzen und tief seufzen. Die Aussicht auf Geld bringt nicht immer das Beste im Menschen zum Vorschein. Es kann ihnen nie schnell genug damit gehen.

Namaste. Ich verbeuge mich vor dem Gott in Dir.

Einige Wochen später lerne ich in Nepal die Bedeutung des alltäglichen Grußes Namaste kennen: »Ich verbeuge mich vor dem Gott in Dir.« Anders als das oberflächliche »Hallo« sagt man damit tagsüber zu allen, die man trifft: »Ich habe Dich gesehen, in Dir steckt Kraft, und davor verbeuge ich mich tief.« Niemand kriegt dafür fünfhundert Euro in die Hand gedrückt. Aber ich bin davon überzeugt, dass sich so eine andere Gesellschaft aufbauen lässt. Namaste.

8. **TARGET** – OPTIMISTEN SETZEN SICH ZIELE

Gegen einen Ball zu treten oder mit einem Bogen zu schießen, macht Spaß, aber wirkliche Euphorie kommt doch erst auf, wenn man den Ball ins Tor schießt oder mit dem Pfeil ins Schwarze trifft. Sich ein Ziel zu setzen und es zu erreichen, macht uns glücklich. Die zweitgrößte Ladenkette in den USA heißt *Target* (Ziel) und lockt mit ihren Logo, einer Zielscheibe, Millionen von Kunden an. Die zwei konzentrischen roten Kreise der Marke wirken auf alle anziehend. Wenn wir uns Ziele setzen, fordern wir uns selbst heraus. Ein Ziel lässt uns aktiv werden und wachsen. Dale Carnegie schrieb 1936 eines der ersten (und immer noch erfolgreichen) Selbsthilfebücher *Wie man Freunde gewinnt und Menschen beeinflusst*. Er behauptet: **»Ein Mann, der nirgendwo hingeht, kommt dort im Allgemeinen auch an.«**

Sich Ziele zu setzen, bedeutet, eine Wahl zu treffen. Man kann nicht jeden möglichen Weg einschlagen und gehen. Ziele geben unserem Handeln eine Richtung. Obwohl wir wissen, wie wichtig sie sind, denken viele Menschen nicht weiter über sie nach. Sie konkretisieren ihre Ziele selten und bringen sie fast nie zu Papier. Auch wenn viele Ratgeber dies ausdrücklich empfehlen. Daher irren wir auf der *Google Map* unseres Lebens planlos herum. Oft folgen wir einfach anderen Leuten und dem, was uns Routenplaner, Trendsetter, Marketingexperten und Medien vorgeben. **Wir kopieren andere in der Ziellosigkeit ihres Daseins.** Wer sich selbst klare Ziele steckt, nimmt das Ruder in die Hand und beginnt ein selbstbewussteres Leben. Er *wird* nicht mehr gelebt, er lebt selbst. Für diese Entscheidung nehmen sich Optimisten Zeit.

Ob wir Ziele für unsere Beziehung, Gesundheit, Arbeit, Freizeit oder Sinngebung formulieren, immer geht es darum, Prioritäten zu setzen und sich für die Richtung zu entscheiden, die am besten zu uns passt, ganz gleich ob wir ein Examen bestehen, sechs Kilo abnehmen, die Besucherzahl einer Website verdoppeln, innere Ruhe finden, eine Reise unternehmen, Kinder kriegen oder einen Marathon laufen wollen. Der Psychologe *Abraham Maslow* hat unsere wichtigsten Bedürfnisse einmal in dem schönen Modell einer Pyramide angeordnet. An ihrer Spitze steht das Bedürfnis nach Selbstverwirklichung: **Werde der, der du werden kannst**. Um uns selbst zu verwirklichen, müssen wir uns selbst und unsere Träume kennen, uns Ziele setzen und aktiv werden.

VOM TRAUM ZUM ZIEL

Zeichnen Sie einen Kreis und eine Wolke auf ein Blatt. Schreiben Sie zehn Begriffe in den Kreis, die Ihr derzeitiges Leben charakterisieren.

Füllen Sie danach die Wolke mit zehn Begriffen, die das Leben, von dem Sie träumen, beschreiben. Betrachten Sie beides eine Weile. Worin sehen Sie die deutlichsten Unterschiede zwischen dem Kreis ihres derzeitigen Lebens und ihrer Traumwolke? Zeichnen Sie nun fünf Pfeile vom Kreis zur Wolke und notieren Sie neben jedem Pfeil, welches Handeln es Ihnen ermöglichen wird, vom Kreis zur Wolke zu kommen. Angenommen, in Ihrem Kreis steht »dick« und »langweiliger Job« und in der Wolke »schlank« und »angenehmer Job«, dann muss neben den jeweiligen Pfeilen »abnehmen« und »einen neuen Job suchen« stehen. So haben Sie deutlich gemacht, was der Unterschied zwischen einem Ziel und einem Traum ist. **Ein Ziel ist ein Traum, für den man aktiv wird.** Nun können Sie aus der Wolke einen Kreis machen: Ihre Träume werden wahr, wenn Sie sich dafür einsetzen. Erfolgreiche und glückliche Menschen setzen sich konkrete Ziele und versuchen, sie Schritt für Schritt zu realisieren. Es ist gut möglich, dass sich Ihr Kreis und Ihre Wolke gar nicht so stark voneinander unterscheiden. Das ist bei den meisten der Fall. Vielleicht steht in ihrer Traumwolke, dass sie genügend Geld und ein glückliches Familienleben haben möchten, und in ihrem Kreis, dass Sie beides schon haben. Ausgezeichnet, dann können sie sich das Ziel setzen, beides zu bewahren, zu verbessern, auszuweiten, zu intensivieren und bewusster wahrzunehmen.

Jeder wünscht sich, dass sich einiges in seinem Leben verbessert oder zumindest so bleibt, wie es ist. Doch das geschieht nicht von allein. Dafür muss man aktiv werden. Das ist der erste Schritt. Viele Leute neigen zu *Aufschieberitis*, wenn es um die Prioritäten in ihrem Leben geht. **Es kommt immer wieder etwas dazwischen, das dringender erscheint – wenngleich es nicht wichtiger ist.** Ein weiterer Stolperstein ist die Wahl des falschen Verbs für den Pfeil, der zu einem Traum in Ihrer Wolke führt. Wer mehr »Anerkennung« sucht, nimmt vielleicht an, dass der Kauf eines größeren Autos ihn seinem Traum näherbringt. Und wer abnehmen will, hofft womöglich, das erreichen zu können, wenn er seinen Bauch mit einer Wundersalbe einreibt. Wählen Sie das richtige Vorgehen, um Ihr Ziel zu erreichen. Der dritte Stolperstein besteht darin, dass wir unsere Ziele nicht konkretisieren. Für die meisten bleiben Ihre Ziele vage Sehnsüchte. Große Ziele scheinen unerreichbar, bis wir sie in kleinere Teilziele untergliedert haben. Wer sich eine bessere Beziehung zu seinen Kindern wünscht, kann sich zum Beispiel vornehmen, jeden Samstagnachmittag mit ihnen Fußball zu spielen. Dieses Ziel zu verwirklichen, macht uns mit jedem Schritt ein

Für die meisten bleiben ihre Ziele vage Sehnsüchte.

wenig glücklicher und gibt uns ein positives Gefühl, weil uns die kleinen und großen Erfolge, die wir dabei erringen, deutlich machen, dass wir unser Leben selbst unter Kontrolle haben.

Manche Leute wählen eine bestimmte Studienrichtung, weil ihre Freunde sich dafür entschieden haben, wählen einen Partner, den ihre Eltern für passend halten, oder entscheiden sich für ein Reiseziel, weil ihre Kollegen schon einmal dort waren. Wir wissen, wie fatal das sein kann. Denn es gelingt uns selten, die notwendige Begeisterung für ein Ziel aufzubringen, das uns nicht entspricht. Glückliche Menschen entscheiden sich für die Ziele, die zu ihnen passen, und nicht für Ziele, die ihnen andere andienen oder auferlegen. Doch dazu muss man zunächst sich selbst, seine eigenen Wünsche, Träume und Sehnsüchte kennen. Natürlich kann man auch Freunde und Experten um Rat fragen, doch letzen Endes geht es für einen jeden um sein eigenes Leben. Die Verwirklichung der eigenen Ziele sollte nicht von der Entscheidung, dem Einsatz und dem guten Willen anderer abhängig sein. Die Richtung, die Sie wählen, wird Ihre Erfahrungen prägen. Daher ist es wichtig, sich in seinem Leben die richtigen persönlichen Ziele zu setzen. Achten Sie darauf, dass ihre Ziele miteinander harmonieren, sich nicht widersprechen und möglichst auch mit den Zielen Ihrer Familie, Ihrer Freunde und Kollegen korrespondieren. Mit Menschen zusammenzuleben und zusammenzuarbeiten, die völlig in eine andere Richtung streben, ist auf Dauer unmöglich.

GOLDENE ZIELE

Was ließe sich in Ihrem Leben verbessern? Versuchen Sie, sich von dieser Zukunftsvision ein Bild zu machen, visualisieren Sie Ihr Endziel. So entwickeln Sie ein emotionales Verlangen, dieses Ziel konkret zu verwirklichen. Nicht unser Wissen, sondern unser Gefühl motiviert uns zum Handeln. Nehmen Sie Stift und Papier zur Hand und beschreiben Sie Ihre Ziele. Formulieren Sie positiv. Unterteilen Sie große Ziele in Teilziele. Überlegen Sie, was Sie wirklich benötigen, um Ihre Ziele zu erreichen. Brauchen Sie zusätzliches Material oder Hilfe? Suchen Sie gleich danach. Finden Sie heraus, wer Ihnen helfen könnte und wer oder was Sie sabotieren könnte. Aufgeschoben ist aufgehoben. Fangen Sie vielleicht einfach damit an, dass Sie sich vornehmen: Ab heute arbeite ich täglich eine Viertelstunde an meinem Ziel. Nicht mehr und nicht weniger. Allmählich werden Sie dann schon mehr Zeit, Freude und Begeisterung finden. Verlieren Sie auf

Ihrem Weg nicht den Glauben an sich. Sie schaffen es. Nehmen Sie sich vor, Zweifel und Widerstände zu überwinden und nie aufzugeben. Jedes Ziel muss konkret und spezifisch, realistisch und erreichbar sein. Der Effekt wird meistens messbar, aber, was noch wichtiger ist, spürbar sein. Bei Ihnen selbst und bei anderen.

DORT, WO DU NICHT BIST

Ich lande in Katmandu, Nepals Hauptstadt. Nie hätte ich gedacht, je am Fuße des Himalayas zu stehen. In der Landschaft meiner Träume. Doch nun ist es so weit. Ich werde an einem Kongress über positive Bekräftigung und wertschätzende Erkundung (*appreciative inquiry*) teilnehmen. Blauer Himmel, Berge, die Stadt liegt unter uns. Ich schaue aus dem kleinen Fenster im Flugzeug und mir wird bewusst, wie glücklich ich mich schätzen darf.

Mit meinen Knien stoße ich gegen die Zeitschriftentasche des Vordersitzes, in der eine Broschüre der Fluggesellschaft steckt, die uns nach Kathmandu fliegt. Was mag wohl auf der Broschüre der Fluggesellschaft abgebildet sein, die uns zu diesem Paradies bringt? Ich kann es nicht fassen: Sie zeigt eine grüne Berglandschaft übertitelt mit »*Come to the Alps, the best of Switzerland*«. Ich bin erschüttert. Nun komme ich gerade aus Europa, bin über die Schweiz hinweggeflogen und drauf und dran, den Himalaya am anderen Ende der Welt zu erleben, und der erste Rat, den man mir hier erteilt, lautet: »Besuchen Sie die Alpen!« Diese Art von Broschüren kann einen wahnsinnig machen. Dort, wo du nicht bist, dort ist das Glück.

Im Taxi fragt mich der Fahrer freundlich, woher ich komme. »Belgien?«, sagt er dann. »Liegt das nicht in der Nähe der Niederlande?« Von seinen geographischen Kenntnissen angenehm überrascht, frage ich ihn, wieso er sich so gut auskennt. »Ich war schon einmal in den Niederlanden«, sagt er, »zum Mountainbiken«. Ich bin schon wieder fassungslos. Mountainbiken? Dieser Mann wohnt am Fuße des größten Gebirges der Welt und trotzdem hat es jemand geschafft, ihn aus irgendeinem Grund dazu zu bringen, in den Niederlanden Mountainbike zu fahren. In den Niederlanden! Wo es überhaupt keine Berge gibt. Dort, wo du nicht bist, dort ist das Glück.

Ständig lassen wir uns auf ein höheres Niveau treiben. In einem fort kaufen wir Wohnzeitschriften, Computer-, Reise oder Gartenmagazine, um dort Einrichtungen zu bestaunen, die schöner sind als unsere eigene, Autos, die schneller sind als unser Wagen, Computer, die mehr können als unser alter, Reisen, die einzigartiger sind als unsere bisherigen Trips, und Gärten, gegen die unser eigener Garten kärglich wirkt. Dazu verführen uns diese Magazine. Es ist ihre Philosophie. **Sie halten uns keinen Spiegel vor, sondern zeigen uns das, was wir nicht haben und wovon wir träumen können.** Sobald wir das besitzen, zeigt uns das nächste Cover schon das nächste und höhere Niveau. Es ist wie beim Computerspiel: Es gibt immer ein höheres Level. Es hört niemals auf. Sie machen uns tief unglücklich: diese unerschwinglichen Lofts, urgemütlichen Fischerhütten, abenteuerlichen Riffs, Supercomputer und Hightechprodukte, die für uns unerreichbar sind.

Ständig lassen wir uns auf ein höheres Niveau treiben.

Die Cover der Hochglanzmagazine zeigen keine realen Frauen. Alle Fotos sind mit Photoshop bearbeitet. Solche Frauen gibt es gar nicht. Zeitschriften, die auf dem Cover Leserinnen abbildeten, konnten dabei zusehen, wie ihre Verkaufszahlen in den Keller rutschten. Nun werden Leserinnen nur noch im Innenteil abgebildet. Auf Seite 17 bekommen sie ein Make up. Was sagt uns das? »Sie sehen zwar nicht gut aus. Aber wir machen Sie schon so zurecht, dass Sie für unser Magazin gut genug sind!« Plötzlich sieht man sich selbst mit gefärbten Haaren, blauer Brille, Make up, Rouge und falschen Klunkern. Ein Experte sagt, das sehe großartig aus. Wow! Wieder ein Level geschafft. Aber doch ziemlich weit entfernt von der Realität. Weltweit geben wir fünfmal mehr Geld für Studien zu Penisverlängerungen und Brustvergrößerungen als für die Bekämpfung von Alzheimer aus. Offenbar finden wir es wichtiger, große Geschlechtsorgane zu haben, als im Alter noch zu wissen, wofür wir sie verwenden können.

An einem Binnensee im französischen Morvan genieße ich ein gastfreundliches Quartier. In der Abenddämmerung unterhalte ich mich unter einem blühenden Fliederbaum mit dem Besitzer. Er muss doch wohl ein glücklicher Mensch sein? Das dachte ich jedenfalls. Doch wie sich herausstellt, träumt er von einer Pension an einem See in Brasilien. Unter dem marokkanischen Sternenhimmel komme ich mit einem Berber ins Gespräch, in dessen bescheidenem Haus, mit einer herrlichen Aussicht auf das Gebirge, ich übernachten darf. Er ist nie weiter aus seinem Dorf hinausgekommen, als seine Füße ihn trugen. In den Bergen ist es schön und still. »Gibt es etwas, wovon Sie träumen?«, frage ich. Er schaut mich an und meint schließlich: »Ich würde sehr gerne einmal in den Alpen Ski fahren.« Ich schüttele ungläubig den Kopf. Dort, wo du nicht bist, dort ist das Glück.

DER INNERE DIALOG

Wir führen ständig ein Gespräch mit uns selbst. Darin spielt unsere Vorgeschichte, unsere Erfahrung, unsere Erziehung und unser Umfeld eine große Rolle. Optimisten führen vorwiegend ein positives Gespräch mit sich selbst. Und was tun Pessimisten? Fünf Dinge, die wir alle kennen, die wir uns aber auch abgewöhnen können.

1. **Sich auf Negatives konzentrieren**. Sie haben drei köstliche Gänge gekocht. Nur das Dessert war nicht so ganz gelungen. Doch der Gedanke daran spukt nun alles beherrschend im Kopf des Pessimisten herum.
2. **Filtern.** Es gab neun positive Kommentare und einen einzigen negativen. Diesem widmet man nun all seine Aufmerksamkeit.
3. **Alles persönlich nehmen.** Es läuft etwas schief? Gleich fühlt man sich persönlich angesprochen, verantwortlich und schuldig.
4. **Aus allem eine Katastrophe machen.** Man vermutet immer das Schlimmste. Man soll zu seinem Chef kommen? Das kann nur die Entlassung bedeuten.
5. **Polarisieren.** Es gibt keinen mittleren Weg. Alles ist gut oder schlecht, schwarz oder weiß. Entweder man ist perfekt oder eine totale Niete.

BEWUSST ARBEITEN

Eine Frau erzählte mir einmal, sie arbeite bei einer Bank und hätte es an ihrem Arbeitsplatz noch nie gewagt, zur Toilette zu gehen. »Es ist gar nicht daran zu denken«, sagte sie. »Ich sehe doch, wie die anderen gleich zu lästern anfangen, wenn sich jemand wegbewegt. Also bleibe ich auf meinem Platz. Dann haben sie dazu keine Chance.« Wie kann es sein, dass sie an so einem Arbeitsplatz bleiben will? Fühlt sie sich dort glücklich? Sie hatte offenbar noch nie wirklich darüber nachgedacht. Eine andere Stelle zu suchen, ist ihr nicht in den Sinn gekommen: »Es gibt doch wohl überall Dinge, die einen stören.«

Jessica Pryce-Jones forscht schon seit Jahren zu diesem Thema und hat dazu ein erfolgreiches Buch geschrieben: *Happiness at work* (2010). Was würde sie dieser Bankanstellten raten? Wenn Sie keine Chance sehen, etwas zu ändern, wechseln Sie die Stelle. **Wer sich am Arbeitsplatz nicht wohlfühlt, zahlt dafür einen hohen Preis.** Pryce-Jones' Forschungsergebnisse zeigen, dass es sich auch auf die Ergebnisse auswirkt, wenn sich Mitarbeiter an ihrem Arbeitsplatz wohlfühlen. Wer sich bei seiner Arbeit glücklich fühlt, verdient mehr, hat größere Chancen aufzusteigen, liefert bessere Qualität und ist produktiver. Es erweist sich also nicht nur für den Arbeitnehmer, sondern auch für den Arbeitgeber als vorteilhaft. Unternehmer, denen es gelingt, das Glück ihrer Angestellten zu erhöhen, erreichen eine zehnprozentige Ertragssteigerung. Ein anderes Unternehmen mit fünfhundert Angestellten müsste für die gleiche Ertragssteigerung fünfzig zusätzliche Arbeitskräfte einstellen. Die glücklichsten Arbeitnehmer sind 47 Prozent produktiver als die unglücklichsten, Ihr Krankenstand liegt nur bei einem Drittel und Sie bleiben auch doppelt solange am gleichen Arbeitsplatz. In glücklichen Unternehmen werden weniger Fehler begangen und sowohl der Kundenkontakt als auch die Kundenbindung sind besser. Es ist also sinnvoll, in das Glück bei der Arbeit zu investieren.

Pryce-Jones stellt fest, dass die glücklichsten Arbeitnehmer sich doppelt so stark engagieren und ein fünfzig Prozent stärkeres Selbstvertrauen haben. Sie wies nach, das folgende fünf C's für mehr Glück bei der Arbeit entscheidend sind:

1. *Contribution.* Zählt mein Beitrag? Was leiste ich, wie schätze ich meine Leistung ein und wie sehen andere sie?
2. *Conviction.* Mit welcher Überzeugung mache ich meine Arbeit? Woraus schöpfe ich meine Motivation, in guten wie in schlechten Zeiten.
3. *Culture.* Passe ich zur allgemeinen Unternehmenskultur? Was kann ich von mir selbst dazu beitragen oder von mir darin wiederfinden?
4. *Commitment.* Wie weit kann und will ich mich einsetzen und engagieren?
5. *Confidence.* Habe ich Vertrauen in die Organisation und sie in mich? Welches Risiken kann und will ich eingehen?

Geben Sie sich in jedem Bereich einen Wert von 1 bis 10. Erreichen Sie insgesamt nur einen Wert unter 30? Dann untersuchen Sie, woran das in der Hauptsache liegt und was sie (vielleicht auch gemeinsam mit anderen) daran ändern können. Auch wenn Sie sich an ihrem Arbeitsplatz schon wohlfühlen, können Sie sich darum bemühen, ihr Wohlbefinden (und das anderer) in einem oder in mehreren dieser Bereiche noch zu steigern.

Für Pryce-Jones ist Glück eine Frage der Einstellung; es liegt darin, wie optimistisch die Mitarbeiter das Tagesgeschehen betrachten. Wir verbringen durchschnittlich etwa 90 000 Stunden unseres Lebens am Arbeitsplatz. Grund genug, auch dort für eine ausreichende Lebensqualität zu sorgen. Das können wir tun, indem wir uns die *Ups-and-Downs*, die Vor- und Nachteile bewusst machen. Ihr Wohlergehen ist eine wichtige Kraft, die Sie schützen und nähren sollten. Das kommt nicht nur Ihnen selbst, sondern auch dem Unternehmen zugute. Denn Sie ermutigen damit andere und ermöglichen auch ihnen, ihre Fähigkeiten einzusetzen und sich zu entwickeln. Zudem ist die Korrelation zu Ihrem persönlichen Glück im Allgemeinen sehr groß. Fühlen Sie sich bei Ihrer Arbeit wohl, hat das zur Folge, dass Sie sich auch privat glücklicher fühlen. Welches ist für das Glück bei der Arbeit wohl der wichtigste Faktor? Das Gefühl, als Person gut zuhören zu können und bei anderen Gehör zu finden. Anerkennung, Vertrauen und Stolz sind drei wichtige Pfeiler im Arbeitsleben. Geld spielt offenbar nur eine untergeordnete Rolle. Zumindest am Arbeitsplatz selbst. Es wird eher außerhalb der Arbeit wichtig. Schließlich geben wir dort auch unser Geld aus und entscheiden dort, wofür wir es verwenden. Hier leben auch Vergleich und Konkurrenz wieder auf. Und beides macht uns selten glücklich.

Es geht darum, zuzuhören und Gehör zu finden.

SPANNUNG

Wer konkrete Ziele realisieren will, durchlebt Spannungszustände. Die offizielle Eröffnung eines Ladens, die Ankunft der Gäste auf einer Party oder das Ablegen eines Examens zerrt an unseren Nerven. Schnell wird noch dies und das getan, was wir eigentlich am Vortag schon fertig haben wollten. Der Stress hindert uns daran, den Moment zu genießen oder gute Leistung zu bringen. Und kommen Sie bloß nicht auf die Idee, in einem solchen Augenblick den Betreffenden zu fragen, wie es ihm geht. Können wir mit derartigen Stresssituationen nicht auch anders umgehen? Robert Biswas-Diener beobachtete, wie seine Studenten mit solchen Situationen umgehen und hat eine Antwort auf diese Frage gefunden. Einigen gelingt es nämlich durchaus, ruhig zu bleiben und diese Situationen entspannt zu überstehen. Was außerdem zu angenehmeren Partys und besseren Leistungen führt. Der Unterschied besteht nicht nur in der

Vorbereitung. Die meisten Leute bereiten sich ziemlich gut vor, sind sich dessen aber nicht bewusst und wollen es sich vor allem selbst nicht eingestehen. Sie verschieben hier noch schnell eine Pflanze, wischen dort noch den letzen Staub weg und gehen noch einmal kurz ihre Aufzeichnungen durch. Doch der Trick besteht darin, »sich selbst einzugestehen«, dass man gut genug vorbereitet ist, sich selbst die Erlaubnis zu geben, entspannt zu genießen und sein Bestes zu geben. Nicht zu klagen, nicht zu jammern oder unzufrieden zu sein, ist vor allem eine Frage des Selbstvertrauens. Es ermöglicht uns, die Dinge ruhig anzugehen, uns solide vorzubereiten und uns selbst einzugestehen, das sie gut gelungen sind.

WAS KAUFEN SIE ALS NÄCHSTES?

Etwas zu kaufen, macht viele offenbar froh. Der Konsument geht heute nicht mehr in einen Laden, um seine Grundbedürfnisse (nach Nahrung, Getränken, Kleidung usw.) zu befriedigen. Shoppen ist zu einem *Event* geworden. Wer sich die Zeit nimmt, Leute beim Einkaufen zu beobachten, sieht allerdings selten fröhliche Gesichter. Wir schleppen Taschen voller unnützem Zeug nach Hause, immer viel mehr, als wir brauchen, und meist auch mehr, als wir vorhatten. In einem Experiment hatte man in einer Parfümerie neben einen Parfümflakon einfach ein Schild gestellt: »Maximal zwei pro Kunde«. Der Verkauf hatte sofort merklich angezogen. Schon diese einfache Botschaft entfacht eine solche Gier in uns, dass wir gleich zwei Flakons eines Parfüms kaufen, an das wir ohne diese Botschaft nicht einmal gedacht hätten. Auch in Experimenten mit Wein lassen wir uns systematisch beschwindeln: Gießt man denselben Wein in zwei Becher und bezeichnet den ersten als einen teuren A-Klasse-Wein und den zweiten als einen billigen B-Klasse-Wein, werden wir in aller Regel den ersten Wein köstlicher finden und bereit sein, mehr Geld für ihn auszugeben. **Wir wollen betrogen werden** und spielen uns besonders gerne als Experten auf, wenn es um den Kauf bestimmter Produkte geht: vom Wein bis zum Computer, von der Fotoausrüstung bis zum Mountainbike.

Einige Firmen haben sich auf die Vermarktung diskreter Düfte in der unmittelbaren Umgebung bestimmter Produkte spezialisiert. Die verkaufsfördernde Wirkung ist beträchtlich. Die Wahrnehmung von Gerüchen dringt schließlich am schnellsten zu unserem Gehirn vor und beeinflusst stark unsere Gefühle. Ein leichter Schokoladenduft im

Wäschegeschäft, ein zarter Zitronenduft bei den Waschmaschinen und ein dezenter Duft von frischem Brot bei den Brotbackmaschinen fördern den Verkauf dieser Produkte. Unsere Enttäuschung setzt erst ein, wenn wir mit unseren Einkäufen zu Hause ankommen. Denn durch den Aufwand mit dem Auspacken und Installieren löst sich unsere Freude über die Neuerwerbung schnell in Luft auf.

Die meisten Psychologen, die sich mit diesem Phänomen befassen, konstatieren, dass die Wirkung einer Neuanschaffung kaum sechs bis acht Wochen anhält. Dann haben wir uns bereits an unseren neuen Computer, unser Küchengerät oder die Gartenmöbel gewöhnt. Neuerwerbungen geben unserem Glück nur kurzfristig Auftrieb. Das stellte auch *Ryan Howel* von der State University in San Francisco in einer Studie zu den emotionalen Auswirkungen des Konsumverhaltens fest. Wenn man etwas Geld gespart hat, sollte man es dann besser für einen Gegenstand, also etwas in einer Schachtel, ausgeben oder es in eine Erfahrung investieren, die sich nicht in einer Schachtel aufbewahren lässt: *in the box or out of the box?* Wer kleinen Kindern schon einmal beim Auspacken eines geschenkten Spielzeugs zugeschaut hat, kennt die Antwort bereits. Kinder haben oft mehr Spaß an der Verpackung als an dem Geschenk selbst. Das Spielzeug birgt kaum Überraschungen und wird bald langweilig. Die große Schachtel bietet dagegen endlose kreative Spielgelegenheiten und ermöglicht Erfahrungen. Howell nimmt dazu sehr dezidiert Stellung: Erfahrungen machen Menschen wesentlich glücklicher als Besitz. Die anfängliche Freude über den Kauf eines neuen Autos vergeht schnell, weil wir uns schnell daran gewöhnen. Beglückende Erinnerungen bleiben viel länger in unserem Gedächtnis aktiv und schenken uns auf lange Sicht mehr und tiefere Glückserfahrungen. Ein Konzertbesuch ist beglückender als der Kauf einer CD. Von einer Ballonfahrt profitieren wir emotional mehr als vom Kauf eines Wäschetrockners. Ein Museumsbesuch macht uns glücklicher als ein Bild an der eigenen Wand. Kindern macht man eine größere Freude damit, wenn man gemeinsam mit ihnen zeltet, anstatt ihnen ein Zelt zu kaufen. Auch wenn man das eine wohl braucht, um das andere zu tun. Aber letztlich sind es nicht Gegenstände, sondern Erfahrungen, die uns am glücklichsten machen.

Erfahrungen machen Menschen wesentlich glücklicher als Besitz.

Was Howell am meisten erstaunte, war, wie unterschiedlich Menschen in unserem Umfeld reagieren, je nachdem ob wir unser Geld für Konsumgüter oder für Erfahrungen ausgeben. Im Gegensatz zu Neuanschaffungen steigern neue Erfahrungen auch das Glück anderer, weil wir sie oft mit anderen teilen. Außerdem stärken solche Erlebnisse durch ihre Intensität unsere Lebenskraft. Gemeinsam einen Zirkus zu besuchen oder eine Bootsfahrt zu unternehmen, verleiht uns ein positiveres Gefühl als eine neue Jacke oder Krawatte. Der Erfolg unterschiedlichster Ausbildungs- und Kursangebote bestätigt diese Erkenntnis. Abendkurse, in denen wir Schweißen, Seidenmalerei, Radiertechniken, Massieren oder Töpfern lernen können, finden großen Anklang. Hier machen wir Erfahrungen und kommen mit anderen in Kontakt. Jeder spürt, dass der immaterielle Wert einer solchen Erfahrung weit über den einer materiellen Anschaffung hinausgeht.

Auch der Handel kommt an dieser Einsicht nicht vorbei. Und vermarktet nun mit Erfolg Geschenkgutscheine, die uns Erfahrungen bieten: vom romantischen Essen oder einem Wochenende auf einer Burg bis zu Rafting oder Bungee-Springen ... Sie liegen in einem hübschen Schächtelchen. Man kann selbst ein Auswahl treffen und beim Durchblättern der Broschüre schon von den zukünftigen Abenteuern träumen. Wir beschwichtigen unser Gewissen damit. Schließlich können wir bei unseren Freunden nicht schon wieder mit einer Flasche Wein oder einem Blumenstrauß aufkreuzen. Dann doch lieber mit einer Erfahrung! Aber um uns selbst etwas auszudenken oder gemeinsam etwas zu unternehmen, fehlt uns die Zeit. Mit dem Geschenkgutschein ist unser Image gerettet: »Ja, wir sind kreativ und originell und verschenken lieber ein Erlebnis statt eines Gegenstands.« Jeder siebte Gutschein wird allerdings nie genutzt und es bringt den Empfänger oft ganz schön in Stress, alles zu arrangieren, um ihn rechtzeitig einzulösen. Auf den Websites wimmelt es nur so von Beschwerden. »Wir hatten ein Burgwochenende erwartet, wurden aber im Seitenflügel untergebracht, und für Kinder gab es kein Erlebnisangebot.« »Unser Essen war lecker, aber die Gäste am Nebentisch bekamen auch noch kostenlose Häppchen, und der Wein war zu teuer.« Oft schaut man bei solchen geschenkten Erfahrungen besonders hin und kritisiert Dinge, die die man ansonsten für normal halten würde. **Dem geschenkten Gaul schaut man besonders genau ins Maul.** Entwicklungshilfeorganisationen greifen den Trend auf, indem sie Geschenkgutscheine anbieten, mit denen man eine Ziege, ein Fahrrad oder eine Feuerpfanne in einem Entwicklungsland verschenken kann. Der Beschenkte bekommt das Geschenk also nicht selbst (»wir haben doch schon alles«), sondern kann es gleich mit anderen teilen. Das gibt dem Schenkenden, dem Beschenkten und dem Empfänger ein gutes Gefühl. Das Foto der gespendeten Ziege für den Schreibtisch sorgt für eine nachhaltige Wirkung. Manche Leute adoptieren auch Pinguine oder Tiger, die vom Aussterben bedroht sind. Es ist vor allem das Gefühl, das zählt.

Geburtstage, Taufen, Hochzeitsfeste … immer wieder liegen die üblichen Geschenklisten in Spezialgeschäften bereit. Von den Kuscheltieren bis zu den Serviettenringen verzeichnen sie oft unnütze Dinge, die weder den Schenkenden noch den Beschenkten glücklicher machen. Kinder dürfen durch Spielzeugbroschüren blättern, um ihre Wünsche anzukreuzen, während doch ganz oben auf ihrer Wunschliste steht, mehr Zeit mit ihre Eltern zu verbringen. Gemeinsam durch die Natur zu wandern oder ein Floß zu bauen, finden Kinder schöner als das Ausprobieren eines Autos mit Fernbedienung oder das Spielen eines Computerspiels. Auch wenn sie das nicht direkt zugeben würden. Man kann Kindern (und sich selbst!) mehr Freude machen, wenn man ihnen gemeinsam mit bloßen Füßen durch den Morgentau läuft, statt ihnen ein paar neue Schuhe zu kaufen. Wer sich für das wahre Leben entscheidet, lässt sich auch in Läden und Broschüren von seinen wahren Prioritäten leiten. Auch wenn die unbewussten Verführer mit Worten, Düften, Farben und Illusionen überall auf uns lauern.

Eine Erwachsenengruppe geistig Behinderter befasste sich eine Woche lang mit dem Thema »Glück« und dem Buch *Glück. The World Book of Happiness*. Gemeinsam mit ihren Betreuern und einem professionellen Regisseur entwickelten sie ein kleines Theaterprogramm. Ein Saal voller Freunde und Verwandte war von ihrer Vorstellung bewegt. Ihre Freude am Spiel war ansteckend. Glück hatte für sie vor allem mit Beziehungen zu tun. Wer ist mein Freund? Wie nahe komme ich einem Menschen? Was stößt uns ab? Sie überreichten kleine Geschenke. Die bunten Schachteln erzählten eine ganz eigene Geschichte: Die eigentliche Freude liegt im Schenken, nicht im Beschenktwerden, lautet ihr Tenor. Und sie machten zugleich deutlich, dass die vermeintliche Abhängigkeit der Akteure sie oft zu Empfängern von Zuwendung und Aufmerksamkeiten macht, obwohl sie eigentlich noch glücklicher sind, wenn sie selbst etwas geben dürfen. Aber dazu haben sie nicht immer die Chance. Auf ihre Weise brachten sie wortlos zum Ausdruck, dass Glück darin liegt, Glück zu teilen.

EGOLAND

Hin und wieder übernehme ich noch den Vorsitz einer Bewerbungskommission und dabei fällt mir auf, *dass immer mehr Bewerber Ende zwanzig, Anfang dreißig »es« schon eingesehen haben. Sie sind bereit, ein geringes Einkommen in Kauf zu nehmen und ihren Dienstwagen gegen* eine »sinnvolle« Arbeit einzutauschen. »Sie sind noch so jung«, sage ich dann zu ihnen. »Zu einer solchen Erkenntnis ist man früher oft erst nach einer Krise mit Anfang vierzig gelangt«.

Die Zahlen lügen nicht. Das Realeinkommen der Amerikaner ist in den letzten dreißig Jahren um sechzig Prozent gestiegen. Der Anteil der Amerikaner, die sich selbst als »sehr glücklich« bezeichnen, ist in der gleichen Zeit um mehr als dreißig Prozent gesunken. Allmählich beginnen wir zu begreifen, dass mehr Geld nicht glücklicher macht. »Unser Wirtschaftsystem wandelt sich rapide von einer Geld- in eine Zufriedenheitswirtschaft«, schreibt Martin Seligman. Er stellt fest, dass viele Menschen heute nicht mehr Geld verdienen, sondern sich bei ihrer Arbeit vor allem zufrieden fühlen wollen. Dieser Trend hat in Europa schon seit längerem eingesetzt. Wer glücklich sein und sich wohlfühlen will, erkennt, dass »Arbeit« hierfür eine große Bedeutung zukommt. Unsere Arbeit dient nicht mehr nur dazu, Geld zu verdienen und damit schöne Dinge oder Urlaubsreisen zu finanzieren. Sie wird selbst zum Medium eines glücklicheren Lebens. Die jungen Bewerber sehen das offensichtlich klarer als die älteren Kommissionsmitglieder, vor denen sie erscheinen.

Legoland ist nicht Disneyland.

Wie sich die Träume von Amerikanern und Europäern unterscheiden, lässt sich schon an den Traumländern erkennen, die sie sich in den Fünfziger- und Sechzigerjahren erschaffen haben: Die Amerikaner erbauten Disneyland, die Dänen Legoland. Die Dänen stehen an der Spitze der Weltglücksskala und bewerten ihr Glück um zehn Prozent höher als die Amerikaner. In Disneyland dreht sich alles um die Micky Maus, von der mir keine besonderen Leistungen bekannt sind. Auch das Schneewittchen aus dem europäischen Märchen sieht man hier nicht mit den Zwergen bei der Haushaltstätigkeit. Sie wird vielmehr drei Mal täglich auf einem Prachtwagen wie ein Hollywoodstar zum Bestaunen präsentiert. Lego ist ein erfindungsreiches Baukastensystem, mit dem man spielerisch immer neue Konstruktionen bauen kann. »Die einzige Grenze ist deine Fantasie«, lautet einer der Firmenslogans. Aus sechs originalen Legosteinen lassen sich laut Wikipedia mehr als zehn Millionen Kombinationen bilden. Wer mit Lego spielt, entwickelt seine »kreativen Talente« – spielen, bauen, schöpferisch tätig sein, erfinden, handeln – das kommt der Definition »guter Arbeit« schon auffallend nahe. Sage mir, wovon du träumst und womit du spielst, und ich sage dir, wer du bist. »Wovon träumen Sie?«, fragte auch ein Mitglied der Bewerbungskommission. Der Bewerber schwieg.

Seligman hat untersucht, wie jede Arbeit zur Berufung werden kann. Ein Physiker, der seine Arbeit nur nachgeht, um Geld zu verdienen, ist *nicht so glücklich dabei wie ein Müllmann, der seine Arbeit als Beitrag dazu sieht, die Welt schöner und gesünder zu machen. Glückliche Friseure legen den Akzent auf die Intimität und den Beziehungsaspekt ihrer Arbeit. Ein glücklicher Koch betrachtet sich als kulinarischen Künstler. Unglückliche Krankenschwestern rennen Einsatz- und Zeitplänen hinterher. Glückliche Krankenschwestern genießen die Fürsorge, die sie ihren Patienten angedeihen lassen.*

Nach einer Reihe von Bewerbungsgesprächen sind wir uns in der Kommission darüber einig, dass es sinnvoller ist, nicht nur nach Bewerbern zu suchen, die perfekt zu unserer Funktionsbeschreibung passen. Kandidaten, die Lust auf ihre Arbeit haben und einen Sinn darin sehen, werden glücklicher damit sein. Und davon werden nicht nur sie profitieren, sondern auch die ganze Organisation. Letzten Endes haben wir uns für jemanden entschieden, der besser in ein dänisches Legoland als in ein Egoland passen würde. Ich bin gespannt, was er daraus macht.

9. ! DAS AUSRUFEZEICHEN – DIE DRINGLICHKEIT DES OPTIMISMUS

NOW OR NEVER

Das Ausrufezeichen in der Formulierung *Werden Sie Optimist!* bringt keinen Befehl, sondern die Dringlichkeit der Botschaft zum Ausdruck: *It's now or never.*

Stellen Sie sich vor, sie dürften für sich und die Welt die Zukunft skizzieren. Nehmen Sie ein weißes Blatt Papier und beginnen Sie damit. Wahrscheinlich werden Sie eine Welt zeichnen, in der sich all Ihre Träume erfüllt haben und der Optimismus den Pessimismus besiegt hat.

Derzeit haben wir alle weltweit schon etwa sechs Milliarden Stunden mit Onlinegames zugebracht. Es gibt mehr als fünfhundert Millionen Gamer in der Welt. Nicht-Gamer betrachten deren Anstrengungen oft als sinnlosen Zeitvertreib. Aber ist es das wirklich? Bevor sie einundzwanzig sind, haben viele Jugendliche schon mehr als zehntausend Stunden in der virtuellen Welt der Computerspiele verbracht. Die Spiele üben oft einen größeren Einfluss aus als die Schule. Insgesamt haben Gamer schon mehr als sechs Millionen Jahre (mehr als die Dauer der menschlichen Evolutionsgeschichte!) mit einem einzigen Spiel zugebracht, mit *World of Warcraft*, in dem sie in einer Welt voller Zwerge, Gnome, Menschen und Nachtelfen eine eigene Figur kreieren, die sich entwickelt und sich frei in der virtuellen Welt bewegt. In diesem Spiel müssen sich die Spieler oft gewaltig anstrengen, um sich und die Welt zu retten. **Geleitet von einem unbändigen Optimismus handeln sie erfindungsreich und kreativ.** Wenn sie nicht an ihre eigene Kraft glauben würden, würden sie es gar nicht erst versuchen oder das Spiel schnell beenden. *Jane McConigal* hat dazu intensive Forschungen durchgeführt und sieht eine große Chance dafür, dass sich die Gamer auch im *real life* zu den *social innovators* entwickeln, die sie in der virtuellen Welt bereits geworden sind. Diese Generation verkörpert die Kraft von Millionen »*super empowered hopeful individuals*«. Sie bewältigen in diesen Spielen unvorstellbare Bedrohungen und Hindernisse, immer mit dem unerschütterlichen Glauben an einen guten Ausgang. Sie gehen Schritt für Schritt bis zu einem höheren Level, nehmen dafür eine andere Identität an und lassen sich von der Geschichte mitreißen. Wenn sie diesen enormen Schwung, diese Energie und Intensität nicht nur in einer virtuellen Welt, sondern auch in der realen Welt einsetzen würden, könnten wir gewaltige Fortschritte machen. **Wir sind dazu fähig, aber wir tun es nicht.** Das Beispiel der Computerspieler macht vor allem deutlich, über welch ein beeindruckendes Potenzial wir verfügen.

Aber das Potenzial müssen wir auch einsetzen. Aufschub ist nicht mehr möglich. Nicht weil die Angst, sondern weil die Hoffnung so groß ist. Ein Optimist sagt sich nicht »*don't worry, be happy*«, sondern handelt nach der Devise »**do worry, be happy**«. In unserer Gesellschaft liegt einiges im Argen. Dem müssen wir ins Auge schauen und uns darum sorgen (do worry). Doch gleichzeitig müssen wir auch erkennen, dass wir dem nur gewachsen sind, wenn wir selbst ebenso optimistisch, glücklich, enthusiastisch und stark sind wie das Zeichen, das wir setzen wollen (be happy).

Wir alle tendieren dazu, Dinge aufzuschieben. **Wir wählen lieber einen Politiker, der uns Veränderungen verspricht, statt selbst dafür zu sorgen.** Wir rechnen damit, dass er die Veränderungen voranbringen wird, ohne dass wir selbst viel dafür tun müssen. Wenn er sein Versprechen nicht einhält, können wir ihn dafür zur Rede stellen. Veränderungsprozesse bei uns selbst laufen allerdings ganz anders ab. Wir erkennen zwar, wie vorteilhaft sie wären, doch jede Veränderung kostet Mühe und stößt auf Widerstände, bei uns selbst und bei anderen. Daher verschieben wir sie gerne, indem wir uns von alltäglichen Problemen vereinnahmen lassen oder uns in Nebensächlichkeiten flüchten, denen wir angeblich nicht entkommen können oder die uns kurzzeitig anspruchslose Ablenkungen bieten. Die schlechte Nachricht? Die Zeit fliegt dahin. Die gute Nachricht: Sie sind der Pilot. »Hätte ich nur …« und »Wäre ich nur …« ist nicht mehr möglich. Akzeptieren Sie Ihre Situation, entscheiden Sie sich, in welche Richtung Sie gehen wollen, und wagen Sie es, sich selbst zu sagen, dass kein Aufschub mehr möglich ist. Sie haben die Fähigkeit, Ihr Leben zu planen, Ihre Arbeit zu organisieren, Ihre Gedanken zu ordnen und aktiv zu werden, um Ihr Ziel zu erreichen.

Die schlechte Nachricht? Die Zeit fliegt dahin. Die gute Nachricht: Sie sind der Pilot.

Recovery starts with discovery. Und **Einsicht beginnt mit Sicht**. Schauen Sie sich gut um und lassen Sie sich dabei nicht von Ihrem Ärger, sondern von Ihrem Staunen leiten, und Sie werden positive Chancen für Veränderung und Verantwortung erkennen. Zum Glück stehen Sie mit dieser Erkenntnis nicht allein. Suchen Sie das Gespräch mit Verwandten, Freunden, Nachbarn und Kollegen. Es ist erstaunlich, wie viel Potenzial ungenutzt bleibt, weil man immer nur bei harmlosen Gesprächsthemen oder im Small Talk verharrt. Wir können es besser. Ein guter Anfang besteht darin, sich selbst den Spiegel vorzuhalten. Doch damit erhalten wir noch keinen umfassenden Eindruck von uns selbst. Ein Spiegelbild ist zweidimensional. Erst in Gesprächen und

Interaktionen entsteht ein dreidimensionales Bild. Denn sie geben dem Eindruck davon, wer wir sind und was wir können, mehr Tiefe und Perspektive.

Bei jeder Form von *Change Management* legt man zunächst die Richtung der Veränderung fest. In welche Richtung möchten Sie sich verändern? Angenommen Sie wollten sich in Richtung Optimismus verändern. Dann können Sie zwischen zwei verschiedenen Vorgehensweisen wählen: Sie können entweder von einem Konzept oder von einer Entwicklung ausgehen. Wer sich für das Konzept entscheidet, erstellt Richtlinien und Instruktionen, Stufenpläne und Verfahrensweisen, Kotrolllisten und Checklisten und lässt jeden Schritt evaluieren und kontrollieren. Wer sich für die Entwicklung entscheidet, gibt dem Wachstum, der Initiative, der Tatkraft und dem Erfindungsreichtum aller Beteiligten Raum und rückt Vertrauen, Luft zum Atmen, Freiheit und Verantwortungsgefühl in den Mittelpunkt. Dieses Buch hält kein Konzept bereit. Es wählt Richtung und Raum, Inspiration und Entwicklung. Nun sind Sie am Zug. Viel Erfolg!